最有效的教育，从心理开始

每天懂点孩子心系列

正能量的孩子

ZHENGNENGLIANG DE HAIZI

——找准心理时机教育孩子

刘 颖◎著

·广州·

图书在版编目（CIP）数据

正能量的孩子：找准心理时机教育孩子 / 刘颖著. —广州：华南理工大学出版社，2015.11
ISBN 978-7-5623-4697-5

Ⅰ. ①正… Ⅱ. ①刘… Ⅲ. ①家庭教育 Ⅳ. ①G78

中国版本图书馆 CIP 数据核字（2015）第 157654 号

正能量的孩子
刘颖 著

出 版 人：韩中伟
出版发行：华南理工大学出版社
（广州五山华南理工大学 17 号楼，邮编 510640）
http://www.scutpress.com.cn E-mail:scutc13@scut.edu.cn
营销部电话：020-87113487 87111048（传真）
策划编辑：陈旭娜
责任编辑：苏 萍 李良婷
印 刷 者：广州星河印刷有限公司
开 本：787mm×960mm 1/16 印张：12 字数：190 千
版 次：2015 年 11 月第 1 版 2015 年 11 月第 1 次印刷
定 价：30.00 元

前言

美国教育家布鲁尔·卡特说：“对孩子健康心理的培养远比对孩子身体的关心更为重要，因为只有具备了健康心理的孩子才能挑战未来、走向成功。”是的，我们只有在孩子的心理上多加关心和爱护才能使孩子更好地做人、更健康地成长。人的身体是心理的一个“载体”，一个人只有心理足够强大才能成为真正的强者，一个心灵脆弱、心理扭曲的人是很难有大发展的。作为家长，我们应注意保护孩子的心灵和思想，要明白孩子的身体成长是自然发展的结果，而孩子的心理能合理健康地发展才是我们教育的真正目的。

要教育孩子，首先要了解孩子、懂孩子的心。要知道不同年龄段的孩子有不同的心理特点，不同个性的孩子有不同的心理需求，不同生活经历的孩子有不同的行为习惯。如果我们不懂孩子的心理特点与心理需求，我们就不能进入孩子的内心世界，自然也不能对孩子施行行之有效的教育方法。我们只有运用少年儿童生理心理的成长与发展规律的相关知识，来了解孩子行为背后深层的心理原因，找到孩子生长发育的各种规律及各个阶段的心理特征，发现孩子的各个心理需求，了解孩子的所思与所想，弄清楚孩子的个性、喜好以及行为、情感与情绪，等等，才可以因势利导、因人施策，运用科学的方法对症下药，才会取得事半功倍的教育效果，也才能最终在孩子的教育上取得成功。

在孩子的教育上，尤其是没有经验的父母更需要一把“知心”的钥匙，去打开孩子的心门、找到孩子心中的症结与喜好，才能真正了解孩子的思想与行为。其实孩子养成不良的个性与行为并不可怕，可怕的是

父母的不闻不问和无知。生活中有很多家长在教育孩子时只是凭自己的主观意愿与一时的念头而采取行动，这样往往就会由于方式不当而造成孩子痛苦、大人困惑等不科学的教育局面，并且还会导致孩子产生各种各样的毛病和缺点，使家庭教育出现严重的缺失与不合理，这更是导致孩子产生心理障碍的主要原因之一。所以我们要做一个智慧和负责的好家长就一定要懂点育儿心理学，一定要先懂孩子的心！其实在生活中，我们教育孩子的好时机有很多，了解孩子心理与内心世界的机会也比比皆是。比如，当孩子成功进步时，当孩子遭遇失败时，当孩子对某些事物表现出浓厚兴趣时，当孩子处于一个新环境时，当孩子行为不端时，当孩子出现错误时……这些时候，孩子会产生什么样的心理？孩子的心理会有哪些变化？孩子会产生哪些行为？这些行为符合情理吗？孩子为什么会自卑、恐惧、性格偏激、烦躁不安……我们该怎么做？如何才能对孩子施行科学而合理的教育？

本书是经过作者与众多家长及家庭教育专家的共同调查研究而著成的，我们在对孩子们进行教育调查的过程中发现了很多可贵的教育方法，经过大家共同的研究之后提出了家庭育儿的“九大心理教育”观点，可供家长们相互学习与参考！我们从孩子的成长规律与心理发展入手，着重关注孩子的个性弱点、分析孩子的心理障碍及不良行为产生的原因等，从而提出一些合理的干预及正确的教育方式。旨在帮助孩子纠正不良行为、弥补性格缺陷、克服心理障碍、固化成长优势、引导良好发展，等等。

作为家长，我们只有了解孩子、理解孩子、明白孩子的情绪情感，才能走近孩子的内心。我们只有每天懂点孩子的心才能知道孩子的所思所想，才能和孩子相互理解、相互信任，才能用合理而人文的方式从孩子心理发展的角度去看待他、教养他、抚育他，使他能够乘着心理健康的翅膀真正快速并快乐地发展与成长。那么，作为一个富有责任感而又充满爱心的家长，就让我们用温馨的亲情与浓浓的爱去拥抱、去抚慰孩子那颗稚嫩而纯真的心灵吧！

目录

第一章　当孩子成功进步时——进取心理

第 1 节　表扬效应：孩子表现进步时应及时表扬 · 002
第 2 节　“目标效应”：为孩子制定一个合理的目标 · 005
第 3 节　“成就效应”：用成就感去激发孩子的上进心 · 008
第 4 节　“攀山效应”：如果先让孩子尝尝“甜头”会怎样？ · 011
第 5 节　“动机心理”：一定要让孩子产生强烈的学习欲望 · 014
第 6 节　“皮尔斯定理”：如果孩子能够意识到自己的不足会怎样？ · 017
第 7 节　“倒 U 形假说”：过犹不及，对孩子的要求应适可而止 · 019

第二章　当孩子对某些事物表现出兴趣时——兴趣心理

第 1 节　“兴趣心理”：要善于发现孩子感兴趣的事情 · 024
第 2 节　“兴趣效应”：如何利用兴趣增加孩子学习的乐趣？ · 027
第 3 节　“进门槛效应”：怎样培养孩子的进取之心？ · 031
第 4 节　“求知欲望”：如何挖掘孩子的求知能力？ · 034
第 5 节　“好奇心效应”：尊重孩子的爱好 · 038
第 6 节　“鱼缸法则”：要不要将自由还给孩子？ · 042

第三章　当和孩子一起外出交往时——交往心理

第 1 节　“角色效应”：教孩子扮演好自己的社会角色 · 046
第 2 节　“亲和效应”：培养孩子与人交往的亲切感 · 049
第 3 节　“阿伦森效应”：让孩子把握交往中的分寸 · 052
第 4 节　“以貌取人心理”：交往中孩子以貌取人怎么办？ · 055

第 5 节 “从众心理”：交往中孩子人云亦云怎么办？ · 058
第 6 节 “互惠原理”：交往中孩子要不要学会互助互利？ · 061

第四章 当孩子出现错误时——错误心理

第 1 节 “瀑布心理效应”：指出孩子的错误时不应该粗暴 · 066
第 2 节 “南风效应”：只有宽容，才能让孩子更好地成长 · 070
第 3 节 “犯错误效应”：让孩子在认识错误的过程中获得新知 · 075
第 4 节 “自然惩罚法则”：培养孩子的责任心 · 080

第五章 当孩子处于新环境时——适应心理

第 1 节 “自适应效应”：怎样培养孩子适应各种新环境的能力？ · 086
第 2 节 “开学恐惧症”：怎样帮孩子避免开学时的紧张心理？ · 090
第 3 节 “鲶鱼效应”：怎样激励孩子面对新挑战？ · 094
第 4 节 “生物钟现象”：要不要帮孩子调整好休息与学习的时间？ · 098
第 5 节 “迂回效应”：如何培养孩子应对变化的能力？ · 101

第六章 当孩子行为不端时——品格心理

第 1 节 “说谎心理”：孩子说谎时该怎么办？ · 106
第 2 节 “强化定律”：如何让孩子的好习惯一直持续下去？ · 109
第 3 节 “棘轮效应”：孩子也应该学会勤俭节约 · 113
第 4 节 “斯万高利效应”：孩子悲观绝望时怎么办？ · 116

第 5 节 “杜根定律”：如何让孩子从自卑走向自信？ · 120

第七章 当孩子遭遇失败时——挫折心理

第 1 节 “态度效应”：如何看待孩子的成绩？ · 124
第 2 节 “激励效应”：孩子成绩后退时怎么办？ · 129
第 3 节 “遗忘曲线”：怎样提升孩子的记忆力？ · 135
第 4 节 “高原现象”：孩子遇到学习“停滞期”怎么办？ · 138
第 5 节 “第十名效应”：有没有必要让孩子争当第一？ · 142

第八章 当孩子的一些坏脾气出现时——情绪心理

第 1 节 “避雷针效应”：孩子大发脾气时怎么办？ · 148
第 2 节 超限效应：孩子为什么越来越烦躁？ · 151
第 3 节 哭泣效应：孩子哭一哭也未必是坏事 · 154
第 4 节 心理性疲劳：孩子也需要减负 · 158

第九章 当孩子有怪异行为出现时——偏执心理

第 1 节 选择性缄默：孩子怎么越来越不爱说话了？ · 164
第 2 节 安全感效应：孩子为何频频撒娇？ · 168
第 3 节 多动障碍：孩子为什么总是难消停？ · 172
第 4 节 黑暗恐惧症：孩子睡觉不让关灯怎么办？ · 176
第 5 节 恋物症：孩子过于喜欢某一物品怎么办？ · 180

第一章

当孩子成功进步时——进取心理

通常，孩子在取得一定的成就时，他们的情绪都比较高昂，尤其是当取得好成绩或好成果时，孩子的自信心也会比平时强些，这时他们往往会完全沉浸在成功的喜悦中。聪明的家长一定要抓住这个时机多给孩子一些肯定和鼓励的赞扬，并且在表扬的基础上给孩子提出新的目标，让孩子把一时的热情很好地转化成积极而持久的学习动力。当然，在鼓励孩子的同时也不要忽视孩子因取得好成绩而骄傲的情绪，要告诉孩子“学无止境”，把好成果保持下去并精益求精才是正确的学习态度。

第1节 表扬效应：孩子表现进步时应及时表扬

通过一定的努力，孩子在比赛或学习中取得了不错的成绩，对他们来说这是一件多么值得父母肯定与赏识的事情。可是很多父母却忽视了孩子的心理感受，忽视孩子的点滴进步，对孩子的成绩视而不见，殊不知这样往往会伤了孩子的心，甚至会误了孩子的一生。我们每个人都希望获得别人的表扬与赏识，尤其孩子更希望得到来自父母或他人的赞同与肯定。所以当孩子取得一定成绩时我们应该感到高兴，并在孩子面前表现出来，同时还要给予孩子一定的赞扬。因为及时地对孩子的进步给予积极的评价将是对孩子上进的最大鼓舞，这可以让孩子知道你因他的成绩而骄傲自豪，也会使他产生一种积极向上的心理，从而乘势而上取得更优异的成绩，这就是“表扬效应”。

心理学家赫洛克做过一个实验，他将一些十来岁的孩子分为四组并使各组孩子的能力相接近。然后又对这四组孩子分别给予不同的对待方式：不给任何评定组、表扬组、受批评组、旁观组，之后在不同的情况下对这些孩子进行了难度几乎相等的训练。不同的是，“不给任何评定组”孩子的训练是单独进行的，将他们与其他三个组的孩子隔离起来，而且训练之后没有给予他们任何的评定；而让“表扬组”“批评组”“旁观组”孩子在一起训练，并且每次训练之后不管各组所取得的成绩如何，都会对他们进行不同对待的评价。对“旁观组”的孩子不给予任何评定，只让他们观察其他两组孩子所受到的对待；“受表扬组”的孩子无论表现如何都会受到一定的表扬和鼓励；“受批评组”的孩子，哪怕他们表现得再出色也总是受到无情的批评。最后实验的结果发现：“不给任何评定组”孩子的成绩最次，“旁观组”孩子的成绩较次，“批评组”孩子的成绩排第二，“表扬组”孩子的成绩最好。

这是为什么呢？后来赫洛克告诉大家，“表扬”能使人产生积极奋进

的力量，所以“受表扬组”的孩子表现最优秀。这个实验表明，人是需要表扬的，尤其是热情的赞扬可以让人对学习、对人生充满信心，使人上进的劲头更足更大。因此，我们要毫不吝惜地赞扬孩子，让孩子感觉到我们对他发自内心的期望和肯定，以激发其对学习和生活的热忱。当孩子达到了我们给他预定的目标时，家长对于孩子的进步一定要由衷地夸奖并及时地给予鼓励，比如，“今天你写的字比昨天又工整了”“今天你的绘画又进步啦”，等等，以表明你看见了他的每一个微小的进步并为他感到高兴，从而让孩子感受到是他的良好行为或进步给我们带来了喜悦的心情。尤其是当孩子主动向我们展示他取得的成绩时，家长应先放下手中的事情，及时地关注孩子的进步，并真诚地对他说：“过来让我看看，不错，确实有进步！”这样通过不断的鼓励，相信孩子也会不断地进步。只要我们坚持去做，终有一天孩子会成为栋梁之材。

璐璐是小学四年级的学生，一直以来她的学习成绩总是不好不坏的。这次考试她的数学得了满分，这是她上学以来数学分数最高的一次，拿到卷子后璐璐心里别提多美了。她想这次妈妈一定会好好地表扬自己，因为以往只要她能考及格妈妈都会表扬她一番。一放学璐璐就飞快地回到家，进门就大喊：“妈妈，你知道吗？这次我的数学考了满分哪！”“啊！真的吗？宝宝真是太棒了！”正在厨房里洗菜的妈妈高兴地回答，并且一边说一边擦着湿漉漉的手从厨房里跑了出来。“璐璐快点过来，让妈妈好好看看。哦，果然是满分啊，真厉害！来让妈妈抱一下。一会儿妈妈就做你最爱吃的菜。”这样在妈妈的表扬之下，璐璐心里美滋滋的，马上又去做作业了。其实璐璐并不是很聪明的孩子，而且她的性格跟男孩子有些相似，活泼贪玩，刚上学时总是玩起来就忘了写作业。起初她是在玩足之后再写作业的，再后来改为先写完作业再去玩。妈妈也一直没有严厉地责骂过她，总是不断地给予称赞与表扬。渐渐地璐璐学习的时间越来越多，成绩也越来越好，终于从不及格到及格，再到现在的满分，这无不得益于妈妈的教育妙招。

父母的赞扬和鼓励是孩子努力的最大动力，我们给孩子的称赞远比严

厉的打骂所起到的作用要大得多。有时候一句简单的赞美就可以增强孩子的自信心，使孩子不断地进步。然而在现实生活中却有很多家长因为害怕孩子骄傲而对孩子的进步视而不见，不但不及时给予关注还故意表现出冷淡的姿态。这样就会使孩子感到非常失望，从而失去继续上进的动力。所以好父母应做个有心人，不要吝啬对孩子的称赞，这样对孩子的教育之路才会越走越宽。

当我们用喜悦的心情将赞扬传递给孩子时，便能激发出孩子无限的能量，尤其是在孩子取得成就以后及时给予赏识和赞扬的效果最好。因此，当孩子取得哪怕一点微小的进步时也要及时地表扬，而不可以视而不见或过后再表扬。最正确的做法是及时地赞扬孩子的每一点进步，以激起孩子更大的上进心。这种教育方法是最简单而又能产生显著效果的一招，合理运用必有喜人的收获。因为它可以让孩子体会到成功的喜悦并从中认识到自己的能力，从而让孩子时刻保有充沛的上进热情。若在孩子取得成绩后过了一段时间再赞扬就不能起到应有的作用了，因为孩子已经由于没有得到父母及时的认同或肯定而心生失望了，所以有心的家长一定要正确把握表扬的最佳时机。

心理能量

人的心理有一个奇妙的效应，一句很简单的表扬往往就可以使它产生神奇的力量，这就是心理学上的“表扬效应”。所以对于孩子的每一点进步，父母都应格外敏感并及时地给予鼓励，而且要做一位有心的家长，平时多注意日常生活中一点一滴的教育对孩子的影响和作用。只要孩子今天的表现比昨天好一点，这次的成绩比上次的多一分，就应该对孩子进行适当而及时的表扬，使孩子体会到成功的喜悦，从而产生上进的动机。

“目标效应”：为孩子制定一个合理的目标

没有目标就没有奔头，因此，为孩子制定一个合理的目标非常重要，尤其是当孩子取得一点成绩之后家长应及时地表扬，并在此基础上进一步对孩子提出更高的目标和要求。不过所定的目标不能太高，亦不能要求太严格，一定要切合孩子的实际情况，最好是让孩子“跳一跳就够得着”的目标，这样孩子就会自觉地去努力奋斗。如果将目标定得太高，孩子怎么努力都达不到就不太好。因为这样会使孩子失去进取的信心，所以定的目标要具体、内容要恰当而不繁多，而且当孩子每达到一个小的目标之后就及时给予肯定。这样孩子就会增加一分自信心，从而更勇敢地去完成更大的目标。这就是心理学上的“目标效应”，它是由美国管理学家约翰·卡那首先提出的，也叫“目标置换效应”。

美国哈佛大学的相关研究者曾做过一次关于人生发展目标的调查研究，他们对部分应届毕业生进行了调查。调查结果是：3%的人有明确而长远的目标，10%的人有着明确而短期的目标，60%的人所定的目标模糊不清，27%的人没有目标，但这些学生在学习、智力与学历等条件方面相差无几。25年后，研究人员对这批学生进行跟踪调查时发现3%有着长远目标的人已经成为社会名流，10%有着短期目标的人已经成为某一领域中的领军人物，60%目标模糊的人生活在社会的中下层，27%没有目标的人大都无所作为，自然也只能生活在社会的最底层。这次调查告诉我们，无论多么优秀的人都要有一个为之奋斗的目标，正如一个人要去远行一样，如果没有目的地就永远无法到达终点。

李老师是小学三年级的班主任，新学期开始，班里收了一个个性偏激的学生。他不但不喜欢与人交流，而且稍不如意就讲脏话，行为上还带有攻击性，因此，同学们都不喜欢他。他入校几个星期了还没有交到一个朋

友。后来，也许是“同病相怜”，这个孩子好不容易交到了一个朋友，而那个孩子也有些个性偏激，于是两个“不受欢迎”的孩子成了好朋友。一下课两个人就黏在一起玩个没够，好得像什么似的，但有时又会激烈地争吵。但若是别人惹着了他们，两个人则会同心协力、一致对外。这样一来，招惹他们的同学肯定吃不消了，于是常常有学生到办公室向老师告状。对此，李老师甚是头疼，每当批评他们时，两个人总是摆出一副“痛快”的样子，好像恨得要命似的。这样越教育，两个孩子的个性越差劲，德行也不见好转。怎么办呢？对此李老师想寻找一个突破点。

终于有一天，李老师在办公室批改作业。临放学时他听到班里陆续有孩子出来排队的声音，然后，听到一个很响亮的声音：“立——正，向前看——齐。”听声音好像就是那个最难管教的学生，他马上跑出办公室，果然是这个孩子！他正学着队长的样子在那喊口令呢。这时李老师走过去亲切地问：“刚刚喊话的那个人是你吗？”这个孩子犹豫了一下又点了点头。李老师仍然温和地说：“你做得很好，适合做小队长。”这孩子听了之后显得很惊喜。李老师接着说：“你想做小队长吗？”“想！”“哦，很好。不过小队长不是随随便便就能当的。这样吧，如果你一个星期都没有与同学们争吵过，我就让你做小队长，好不好？”“好！”这孩子爽爽快快地答应了。很快一个星期过去了，这个孩子果然遵守约定，一连几天都没有像以前那样做出分外出格的事情。到了第二个星期，当李老师把小队长的牌子交给他时，这孩子别提有多高兴了。从此他就团结同学，不再故意与大家作对了，慢慢变成了一个好品行的孩子。

上文说的这个孩子其实是一个聪明的人，只是从小个性没有培养好才会如此，因此，对这样的孩子不能一下子要求太高而应慢慢地教化，一次给他定一个小小的目标让他一点一点地进步。李老师向他提出的这个要求带有明确的指向性而且容易做到，所以这孩子能够自觉地进步。因此，不管是父母或老师，只要孩子有进步就要顺势引导，这样孩子才会越来越优秀。不过作为大人的我们要明白孩子的意志力和耐力是有限的，他们很可能会因为目标过高而放弃努力。所以切不可一下子对孩子要求太高，所定的目标一定要合理，使孩子努力之后就可以达到目标。而且当孩子达到目

标或取得一点进步时一定要及时表扬他，以促使孩子向更高的目标迈进。如果家长看到孩子的进步没有一点喜悦与鼓励，甚至对孩子表现出冷漠或无视，试想这样怎么能让孩子进步呢？

相对来说，年龄大一些的孩子比较容易接受宏大的目标，这时也可以直接采用“目标激励机制”，让孩子逐步达到目标，不过步骤也要慢慢来。而且在孩子达到一定的阶段时，要具体而明确地指出他在哪里进步快、哪里做得好，同时指出什么地方还需要完善，从而使孩子明白努力的方向。这样孩子不但会受到鼓舞与启发，而且我们所指出的不足之处也让孩子确立了新目标的方向，从而使他不断超越自己以取得更大的成绩。

心理能量

没有目标就没有奔头，我们一定要为孩子制定一个合理的目标，而且当孩子达到所定的目标之后可以再对他提出一个更高的目标。但当孩子达到目标后一定要及时地给予肯定，从而使孩子不断超越自己以取得更大的成绩。

第3节 “成就效应”：用成就感去激发孩子的上进心

成就感是人上进奋斗的动机之一，也是人心理发展过程中的一种潜在需要，是人们期望通过努力达到成功的心理，更是人的基本需要之一。在教育孩子的过程中，如果我们能够满足孩子的这种心理需要，就可以激发他们学习的积极性，那么教育的效果也会因此而提高，这就是心理学上的“成就效应”。大量的心理研究表明：成就感强的孩子进取的积极性也很强，并且他们的自觉能力与坚持能力也相当强，内在的潜力发挥得也非常好。可见孩子的成就感越强，上进心就越大。

美国心理学家德西做过一个实验，他抽调一些孩子去解一些智力难题，实验分为三个阶段。第一阶段时全部做题的孩子都没有奖励；第二阶段时又将参与的孩子分为两个小组：有奖励组与无奖励组，对有奖励组的孩子规定一美元作为解答一道难题的奖励，而对无奖励组的孩子不管完成多少难题都没有任何奖品，不过对他们的能力却给予了充分的肯定；到了第三阶段时不再强调做题，而是让孩子想做什么就做什么，研究人员则在一旁悄悄地观察。他们发现有奖励组的孩子对做题渐渐失去了兴趣，大都精神涣散地做一些无关的事情；而那些没有给予任何奖励的孩子们，却对解题仍然兴趣不减，几乎每个人都像开始时那样认真。

从上面这个实验中我们可以看出：在某项活动中如果物质奖励运用不当反而会削减活动对当事人的吸引力；而适当的语言则会激发当事人对这项活动的兴趣。因此，当孩子还没有形成从心发出来的学习动机的时候，采取奖励机制远远没有适当的肯定能更好更长远地推动孩子进取。如果孩子已对活动产生兴趣，此时再给予奖励其结果往往会适得其反，而及时又适当的肯定态度则是对孩子最好的奖赏，可以使孩子产生一定的成就感，使他们从心理上感到满足。所以“成就效应”可以帮助孩子努力去实现有

价值的人生目标。

孩子积极的心理状态一般来源于两个方面：一是来自他人的赞扬或肯定而引起的成就感，从感情上激起了他们获得成功的喜悦或建立取得更大成功的信心，所以在这种成就感的驱使下他们就会更加努力；二是来自孩子心里内部的成就感，比如，孩子在做某事情时取得了意想不到的成果，这时内心激动而兴奋的情绪可以使孩子对自己的能力产生一种满足的感觉，从而更好地使潜在的兴趣转化为现实。

强强上小学三年级，语文学得还可以，数学却不怎么样。尤其是数学课本里面的“应用题”，强强总是不会解答，这样每次数学都考不及格。爸爸很是着急，每天都抽时间辅导强强做数学题，慢慢地强强也领会了一些。这天周末爸爸又在给强强辅导数学题，强强的几个同学来找他。这时爸爸故意当着几个小同学的面夸奖强强是个聪明的孩子，说他的数学有了大的进步，这时几个小同学都向强强投来称赞的目光，这无疑给强强增加了很大的自信心。爸爸的称赞与同学们的肯定，激发了他学习数学的内在动力。到了星期一的数学课上，当数学老师出了题让学生“爬黑板”时，强强竟破天荒地第一次主动去“爬黑板”。虽然他当时有些紧张，但还是鼓足勇气将题做完了，虽然没有做到全对但老师给了他很大的表扬，并且当着全班同学的面夸奖他进步大。这更增加了强强对自己的信心，心里也产生了一丝成就感。此后他更加努力地去学习数学，不久成绩就跟上去了。

孩子们都喜欢被表扬、被肯定，希望得到别人的赞许与夸奖，因为这可以增加他们的成功效能感和自我荣誉感，以促使自己取得更大的成就或成功，所以很多孩子都将父母、老师或他人的评价作为自己成长或成就的标准，并以此来确定自己的努力或行为方向。特别是对那些自信心不足或性格不够活泼的孩子，经常性地对其进行肯定和鼓励，可以促使他们增强自信心，从而产生一定的成就感。作为家长，我们在平时教育孩子时一定

要注意增强孩子的内在成就感，对孩子的每一点进步都要及时地给予肯定与认同，以激发孩子的成就动机，使孩子逐步取得一个又一个的成功。

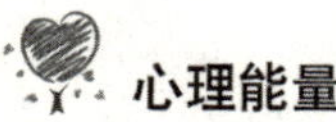

心理能量

成就感是人上进奋斗的动机之一，也是人心理发展过程中的一种需要。在教育孩子的过程中，我们一定要注意增强孩子的内在成就感，以激发孩子学习上进的积极性，使“成就效应”产生应有的作用。

第4节 “攀山效应”：如果先让孩子尝尝“甜头”会怎样？

没有好处就没有动机，尝不到甜头谁也不愿意付出辛苦与努力，只有在“甜头”的驱使下，人们才会主动地去进取。如果只有一味地努力而看不到任何希望，想必进取的精神就会慢慢地消失。这种情况在生活中屡见不鲜，比如，经常爬山的人都知道爬得很累的时候就想打退堂鼓，这时如果前面有人说再坚持几步就到达山顶了，他们立即就会觉得浑身又充满了力气，便再次努力向上爬。这就是“攀山效应”，与“门槛效应”有些类似。这种现象犹如上楼梯一样，需要一级一级地往上攀，人们才能顺利地登上高处。特别是对于一些年幼的孩子，没有“甜头”与“好处”，他们是很难产生“攀登”的动力的。所以为了激发孩子“攀登”的积极性，我们在让孩子做一件事情时可以先承诺他完成一件比较容易的事情后给他一点“甜头”，之后再对他提出更高的要求。

从前有一个科学家得罪了国王，被囚禁到一个很高的塔楼上。国王想把科学家饿死在上面，于是将每一层塔楼都锁上了，没有他的钥匙是打不开的，但是两天之后这位科学家竟然无声无息地失踪了。国王带人去查看时发现塔楼的大门根本就没有打开过，因为上面的锁一个都没有动过。这时大家纷纷猜测，认为科学家很可能是被天上的大鸟叼走了，但真相又是什么呢？

原来科学家被关在塔楼后，他的妻子来到塔前看望他。科学家就想了一个办法让妻子营救自己，他先脱下身上的衣服，又用牙齿咬破手指，并在衣服上写下了营救方法，之后将衣服扔到塔楼下面。妻子拿走了衣服，回去后捉了一只大个的“牵牛”昆虫，并在这只“牵牛”的头上抹了一些蜂蜜，还在“牵牛”的后腿上系上了一根很细的线。到了晚上，科学家的妻子又来到塔楼下，把“牵牛”放到塔楼的墙壁上。这只“牵牛”便拖

着长长的细线拼命地往上爬，很快就爬到了塔顶。原来“牵牛”闻到了头上甜甜的气味便努力地往上爬，这样科学家毫不费力地就拿到了拴在“牵牛”后腿上的细线。之后就拿着细线轻轻往上拉，拉上来之后看到细线的末端拴着一根细绳，细绳的下面又拴着一根粗绳，而粗绳的下面又拴着一根长过塔身两倍的绳索。科学家便将绳索的两端打上了结，之后牢牢地挂在塔顶的垛口上，又将用过的细线和绳子都扔了下去，然后自己就顺着绳索从上面滑下来了。下来后他马上解开绳索的结，与妻子一起收拾好所有准备的物品，便马上远走他乡了。直到那个国王死后科学家才敢公开露面，说出了自己死里逃生的“救星”只是一只想尝“甜头”的“牵牛”。

在现实生活中我们很多人都像上文中的“牵牛”一样，一旦接受了他人所给予的一点“甜头”便会为了更多的“甜头”而拼命去做更多的事情。“甜头”是一种一旦尝到就很难罢休的欲望，尤其是孩子，只有当他尝到成功的“甜头”才能唤醒进取的动力。所以在教育孩子的过程中，我们一定要让孩子先不断地尝到“甜头”、体验成功，而不是一味地让孩子吃苦头、经受失败，从而调动起孩子进取的积极性。如果整天盯着孩子的短处不放，对孩子唠唠叨叨、抱怨指责，就会在无形之中打击孩子的积极性，使孩子逐渐心灰意冷，变得越来越不想上进。在孩子幼小的心灵中我们应该不断地给予希望的曙光，多让孩子品尝成长的“甜头”，让他在“优秀孩子”的状态下快乐地成长，这样孩子才能收获一个美好的未来。

轩轩上一年级了，是个聪明可爱的男孩子，学习成绩也不错，但说话特别笨，不会讲故事，也不会说笑话。每当老师要求同学们每人讲个小故事或说个笑话时，轩轩总是红着脸说“我不会讲”，总是乖乖地坐在那儿听别人讲，好像他自己压根就没有讲故事的兴趣似的，同学们都笑他笨，为此爸爸妈妈也很着急。这天放学回到家里，轩轩让爸爸给他买一个新文具盒，因为今天他不小心将文具盒摔坏了。为了引导轩轩学讲故事，爸爸对他说：“如果你愿意跟我学讲故事，我就给你买一个最漂亮的文具盒。”为了得到漂亮的文具盒，轩轩勉强答应了。这时爸爸就声情并茂地给轩轩讲了一个《乌鸦喝水》的故事，讲完之后爸爸问轩轩乌鸦是怎样喝

到水的，轩轩想了想说："它将石子放在瓶子里。"

"它为什么要将石子放在瓶子里呢？"爸爸又问。

"因为瓶子里的水位很低，它喝不着。"轩轩说。

"哦，乌鸦这么做是不是很聪明呢？"爸爸说。

"当然很聪明了！"轩轩说。

"哦，那你将乌鸦喝水的故事从头到尾说一说好吗？"爸爸说。

"哦……好吧。"轩轩同意了。

他说："从前有一只乌鸦口渴了……"轩轩终于开口了，虽然说得有点不太连贯，但总算从头到尾讲了下来。

爸爸高兴地赞扬了轩轩一番，并给他买了一个非常漂亮的文具盒。

就这样，在爸爸不断的表扬和鼓励下，轩轩尝到了成功的"甜头"，渐渐地也成了一个爱讲故事的孩子。

星星之火可以燎原，小习惯可以做出大事情。特别是对孩子，当小"甜头"养成好习惯以后，便有越做越成功的感觉。如此"甜头"越大，动力也就越来越大，孩子获得的成功自然越来越多。对孩子而言，成功了才会去努力，所以为了激发孩子的积极性，我们一定要鼓励孩子把好习惯坚持下去。当孩子有了自觉性主动地去保持这个好习惯时，我们的教育便成功了一半。为了更有效地激发孩子的上进心，我们可以给孩子制定一个"进步计划"，使孩子有一个前进的方向。每当孩子取得一小段进步时，就要及时地给孩子尝一尝成功的"甜头"，让孩子得到成功的喜悦。这样就会大大加强孩子进取的积极性，继而取得更大的进步。

心理能量

没有"甜头"，人们是很难产生"攀登"的动力的，因为一个让人看不到任何希望的努力，会使人的精神力量慢慢削减，只有让人不断尝到"甜头"的行动才能唤醒人进取的动力。所以为了有效地激发孩子的上进心，就要不断地让他尝到成功的"甜头"。

第5节 “动机心理”：一定要让孩子产生强烈的学习欲望

动机是人上进的动力，是一种自觉的、积极的心理状态，更是人拼搏进取的助力器，这就是心理学上所说的“动机心理”。从理论上讲，动机就是为了实现目的而产生的内部驱动力，然后在驱动力的作用下，人们采取积极的行动。一个人一旦形成了良好的内部动机，学习与进取就会成为他的精神需要而使他不懈努力。动机是推动学习的主观能动力，是直接推动个体达到某种目的的心理活动。因此，为了培养孩子的进取精神以及提高其学习效率，家长一定要运用好“动机心理”。

美国社会心理学家马斯洛在解释人的动机心理时说，动机来自人的五种需求：生理需求、安全需求、社交需求、尊重需求和自我实现需求。他认为一个人所有的行为都是具有一定意义的，并且有着其特殊的目的，而这种目的就来源于人的七种需要之一。也就是在这几种需要的驱使之下，人的思想才会产生一定的目标，从而引发动机心理。一般来说，有动机的行为其效率较高、效果较好；而无动机的行为往往不会产生良好的效果与效率，并且通常敷衍了事。例如，有两个学生，一个为了考上理想的学校而努力学习，这时他往往会心无旁骛、一心一意地学习，如此学习的效率与效果自然会显著提高；而另一个学生由于没有自己的学习目标，总是为了应付考试而学习，于是他对功课总是抱着一种得过且过的态度，做起来没有丝毫的动力，所以成绩进步很慢甚至原地不动。从这两个学生的差异，我们可知，强烈的动机是保证努力进取的首要前提。捷克教育家夸美纽斯曾说：“教师应该采用一切可能的方式，把孩子们求知与求学的欲望激发起来。”只有激发起孩子内部的进取动机，才能促使孩子产生发自内心的学习热情。当孩子的学习行为形成了自觉、自愿的模式之后，孩子的整个学习过程就会充满激昂的斗志。这样学习效果自然就能显著提高了。

帅帅上小学五年级了，是个聪明可爱的孩子，学习成绩在班里一直为中上水平。但自从上五年级以来他的学习成绩越来越差了。原来自从家里买了电脑后，他就喜欢上了电脑游戏，整个心思都扑在了玩游戏上，根本就没有好好学习。每天从学校放学回来，帅帅把书包往一边一扔，就急匆匆地去玩游戏了。这样就没有时间学习了，于是作业总是拖了又拖，做功课也总是应付了事。更过分的是，对于老师的批评，他无所谓；对于父母的斥责，他也毫不在乎。而且帅帅不但上课不认真听讲，就连每次考试的卷子也不认真检查；对于试卷上做错的题目，他看都不看就直接把卷子塞进了书包。这样一来他的学习成绩急速地下滑，最后竟跌到了全班倒数第五名。当老师将学生的学习成绩通知到家长时，爸爸妈妈急坏了，但不知该怎么办才好……

看了上文，我们肯定会想怎样才能激发孩子的学习动机，怎样才能引导孩子爱上学习呢？希望以下两点能供我们参考或借鉴。

1. 培养孩子的学习需要。

我们可以根据心理学家马斯洛的“动机心理”理论来培养孩子的学习需要。那些不知道自己能力高低或不能确定自己是否令人喜欢的孩子，是不可能产生强烈的进取动机的。也就是说，如果孩子总认为自己一无是处或没人关爱，那么其心理需要是不能得到良好满足的。这样孩子就很难对学习产生兴趣，自然就没有动力去学习。所以家长平时应多关爱和尊重孩子，让孩子感觉到自己被重视或感到自己有一定的能力。这样才能使孩子热爱生活与学习，努力向上。

2. 让孩子明确学习目标。

人生有了目标才能奋进。正确的学习目标可以激发孩子学习的需要，使孩子全力以赴地去努力，所以给孩子定一个学习目标很重要。有研究表明，那些学习好的孩子都有着强烈的学习动机。他们学习时总是兴趣盎然、孜孜不倦，其学习的行为也就成了自觉与自愿的过程。因此，激发孩

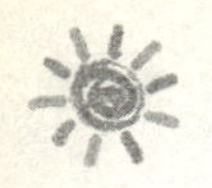

子的学习动机是提高孩子学习积极性的有效方法。

心理能量

动机是推动人们学习进取的主观力量，是为达到目的而产生的内部驱动力。在驱动力的作用下，人们采取积极的行动。因此，拼搏进取离不开“动机心理”，而运用好“动机心理”则是培养孩子的进取精神及提高其学习效率的不二法门。

“皮尔斯定理”：如果孩子能够意识到自己的不足会怎样？

有位哲人说，意识到无知是有知的开始。人只有认识了自己，充分了解自己的不足之处，才能努力地去求知或虚心接受他人的建议，从而更好地朝着正确的方向前进，不断完善自己。小孩子对很多事情都是一知半解，甚至是一无所知的，在成长的路上难免会犯错。如果孩子认识不到自己的不足，就会失去改过的机会，从而一错再错，难有长进。但是如果孩子能够意识到自己的无知与不足之处，往往就可以大大地减少犯错的机会，从而快速取得进步，并可以从中明白自我反省的意义。就像皮尔斯定理：意识到无知才使我们充满活力。由此可见，让孩子早些认识到自己的不足之处非常重要。“皮尔斯定理”是由美国著名科学家、“卫星通信之父”约翰·皮尔斯提出的。他告诉我们在如今这个知识经济时代，一个人的整体素养非常重要。因为一个人的文化素养关系着他能不能很好地认识到自己的不足与长处，从而影响到他能不能走向成功。所以让孩子意识到自己的无知或不足，不断地反省自己的缺点与错误，从而谦虚好学地努力向上才是硬道理。

著名的美国前总统林肯与人交谈时优美、幽默的语言曾被称“像音乐一般的悦耳！”，令很多自以为了不起的人也深深折服。但是林肯从小就没受过高等的文化教育与专业的知识熏陶，而且他的父母也只是普通的农民。那林肯的语言表达能力是怎么培养的呢？其实这一切都源于他能正确地认识自己的不足，了解自己的短处，明白自己的需要，从而虚心向他人学习的结果。可以说，他之所以能取得这么大的成功，关键就在于他所说的“每个人都可能做我的老师”。他每天和许多人商讨着国家大事及世界大事，这些人有律师、商人，也有学者、农夫与官员。他从这些人身上学习了诸多的文化知识和人生道理，还尽可能地向每个平凡的人学习以弥补

自己的不足之处，从而使自己成了一个知识渊博、能力超群而德才兼备的人。

一个人只有认识到自己的无知，才能不断取得进步。因为我们只有看到自己的短处时，才能虚心学习他人的长处，从而不断地完善自己。由于年幼无知，很多孩子对一些事情的是非好坏往往认识不清，对自己的一些行为也不知道是否合理。这样孩子就不能认识到自己的错误，就会任由错误滋长而严重地影响其身心的健康发展。要知道即使再博学多才的人，也有自己不了解与经验不足的事情。高傲自大或恃才傲物不但使自己的才学得不到发展，反而还会使自己处处碰壁。所以我们一定要教育孩子戒骄戒躁，不可恃才傲物、无视他人，一定要明白自己的短处、了解自己的长处，从而不断地学习进步。

不论是成人还是孩子都应该多了解自己的不足之处。只有认识到自己的无知，了解了自己的弱点，才能产生虚心学习的动力。一个人只有知道自己的肤浅才会愿意深造，才能发掘潜能，从而不断取得进步。因此，家长一定要让孩子多认识自己的不足，这样才能使他们成长成才。要知道多一分谦虚就多一点机会；多一些经验就多一分成功。意识到无知便是有知的开始。

心理能量

意识到无知是有知的开始。一个人只有认识到自己的不足之处，不断地反省自己的缺点与错误，才能努力地去求知或虚心接受他人的建议，才能尽快完善自己，才能朝着正确的方向更好地前进。

第7节 “倒U形假说”：过犹不及，对孩子的要求应适可而止

话说“物极必反”“过犹不及”，凡事都不可以太过火或太激进，因为一旦事情过于激进不但达不到预期的效果，往往还会产生负面情况。尤其是对孩子的教育不可要求过高，亦不可施加过多压力。在孩子学习与成长的过程中，如果我们对孩子要求过高，使孩子学习的压力过重，这样孩子就会长期处于紧张的精神状态，那么孩子的行为表现与学习效果自然就会越来越差。所以对孩子的要求一定要合情合理才能使孩子越来越优秀，让孩子承受的学习压力也一定要适当才能使孩子的成绩越来越好。就像英国心理学家罗伯特·耶基斯和多德林提出的“倒U形假说”一样，只有让孩子处于最佳的精神状态，让孩子心情愉快，他们才可以按时或按规定去完成我们安排的任务。

鲍里斯·贝克尔是德国网球明星，他曾一连获得六个单打冠军，被称为网球界的“常胜将军”。罗伯特·耶基思在观察贝克尔比赛时，发现他之所以能经常获胜是因为他在比赛中始终维持一种半兴奋的状态，也正是这种状态使他发球时力量巨大而令对手难以招架。其著名的“鱼跃式截击”在网坛上更是独一无二，成了他赛场上的标志。后来贝克尔的这种精神状态被称之为“贝克尔境界”，就是“倒U形假说”中的最佳状态。由此，罗布特认识到，一个人的精神状态太冷静了不好、太兴奋了也不好。因为太冷静就会使人缺乏拼搏的热情；而太兴奋了，激情就会把理智烧光。因此，当人处于一定程度的兴奋状态时可能会完成原来不能轻易完成的工作。对于这个观点，罗布特说，热情中的冷静让人清醒，冷静中的热情使人执着。所以人的情绪只有处于轻度热情时才能把工作做得更好，这就是工作中的最佳精神状态。

欲使潜能出，当有三分狂。一个人对事物适当的激情可以使其发挥出更大的潜能。因此，我们激励孩子时必须要讲究分寸，而且对孩子的要求

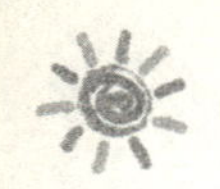

也要适度，要与孩子的个性相适应才能达到理想的效果。

沫沫是个聪明可爱的小男孩，爸爸妈妈对他寄予厚望，给他报了很多培训班，以加强他的综合素质。周六上午他要去学绘画，下午又要去练钢琴；周日上午爸爸带他去练体操，下午妈妈又带他去数学辅导班学习。并且爸爸妈妈还总是说如果不加倍努力就不能成为一个优秀的孩子，长大后就没有出息。于是沫沫天天被父母逼着去应付那些没完没了的学习任务。一个才八岁的孩子整天连休闲的时间都没有，更别说像别的孩子一样自由自在地玩乐了。果然，这种情况持续还不到半年，沫沫就像换了个人似的，一点精神也没有，整天迷迷糊糊、闷闷不乐，对任何事都不感兴趣。

这下可将爸爸妈妈给吓坏了，急忙带着沫沫去看医生。但医生检查后，并未发现沫沫的身体有明显异常，仅轻度营养不良、精神状态欠佳。那这孩子是怎么了呢？爸爸妈妈百思不得其解。后来，在朋友的建议下，爸爸带沫沫去进行了心理咨询。沫沫被诊断为患了“学习厌倦症”。患此病的孩子会对学习产生抵触心理，厌恶至极甚至恐惧学习。如果这种情绪得不到有效的控制，孩子就会出现一系列精神症状，从而影响身体健康。心理医生说沫沫之所以出现这样的状况是因为平时给他施加的压力太大了，其学习任务远远超出了他的年龄所能承受的范围。不过幸好持续时间还不是太长，否则很可能会给孩子带来永久的心理阴影。

这时沫沫的爸爸妈妈才明白，逼着孩子去参加各种培训班是不科学的。因为沫沫所需要的不仅仅是成为一个优秀与有出息的人，他还需要健康的成长和快乐的生活。从此以后，爸爸就再也不逼着沫沫去参加各种培训班了，只是在家里对他进行适当的学习辅导。并且爸爸妈妈一有时间就带着沫沫外出旅行。渐渐地沫沫又变回了原来活泼可爱的样子，学习成绩也慢慢有了进步。

如果我们经常对孩子施加超出他承受范围之内的压力，就不但会使孩子的学习得不到提高，还会使孩子失去应有的童真与快乐。因此，家长必须重视这种情况，改变那种望子成龙、要求过高的迫切的教育方式，以防止过犹不及反而达不到预期的效果。父母应该对自己孩子的实际能力有一

个正确而恰当的评估，再对孩子的承受能力找到一个最佳点，然后对孩子进行适当的激励与教育。当孩子压力较小时可以适当增加一些压力，当孩子压力较大时一定要及时疏导及减压，从而把快乐与轻松还给孩子，这样才能达到最佳的教育效果。

心理能量

欲使潜能出，当有三分狂。对事物适当的激情可以使人发挥出更大的潜能。因此，我们教育孩子时必须讲究分寸，对孩子不可要求过高、不可过于施加压力，以避免“物极必反”。只有适可而止，让孩子处于最佳的精神状态，他才可以发挥出更大的潜能。

第二章
当孩子对某些事物表现出兴趣时——兴趣心理

兴趣是求知的动力，它可以激发出巨大的能量，使人在某一领域取得突出的成就。人一旦对某一事物表现出浓厚的兴趣时，就必然会不断地进行探求，进行深入的了解与剖析，以加强自己在这方面的能力。比如，有了强烈学习兴趣的孩子就会最大限度地运用他所学过的知识，从而全面地消化新学到的知识，以开发自己的潜能。这时孩子就会从最初朦胧模糊、不稳定的意会，而逐渐发展为较明确清晰以及较稳定可行的思想志趣。因此，培养孩子正当的兴趣爱好是孩子走向成才之路的关键。因为当兴趣爱好进一步发展时，它很可能会成为孩子终生为之奋斗的人生目标。家长一定要善于发现孩子的兴趣爱好，善于引导孩子产生正当的兴趣爱好，善于帮助孩子发展兴趣爱好，从而使孩子在兴趣的引领下打开成功的大门！

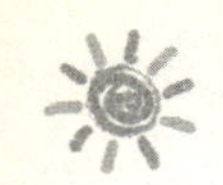

第1节 “兴趣心理”：要善于发现孩子感兴趣的事情

有人说兴趣是一个人走进成功大门的钥匙，因为它可以激发一个人的最大能量，使其在某一领域取得突出成就。对于孩子来说，学习成绩并不能代表他所有的潜能，而兴趣才是他走向成功的关键所在。但是现在大多数父母只关心孩子的考试分数，并不关心孩子的兴趣所在。因此，父母除了要教育孩子成为一个举止有礼、谈吐不凡的高素质的人之外，还要懂得去发现孩子的兴趣，给孩子创造发展兴趣的机会，并使孩子的兴趣得到合理的发展，这样才能从真正意义上帮助孩子更好地成长与发展。

美国著名教育家杜威在1913年出版了自己的专著《教育中的兴趣和努力》，书中提出以努力为基础的学习的结果与以兴趣为基础的学习的结果有着很大的不同。他认为，努力虽然可以得到不错的学习结果，但其过程往往是被动的或是感觉辛苦的；而兴趣则往往是主动的或感觉兴奋而轻松的。所以他认为兴趣是可以推动人们求知的一种积极的内在力量，可以无形地促进人们学习与进取。关于兴趣心理，德国心理学家、教育家赫尔巴特认为兴趣可以导向有意义学习。因为兴趣可以引起人们对事物正确的认识，并且还能促进知识的长期保持，为进一步的学习提供动机。比如，一个人一旦对某一学科产生了兴趣，他就会持续地去钻研它，并专注其中从而提高学习效果。所以赫尔巴特将发展广泛的兴趣视为教育的主要目标之一。他还认为兴趣既是学习的原因又是学习的结果，因为兴趣可以产生学习的动力，而学习又可以产生新的兴趣。由此可见，由兴趣引导的学习是一个良性循环的过程，可以取得事半功倍的效果。

如果让一个对绘画毫无兴趣的孩子学习美术专业，让一个喜欢绘画的孩子去学习数学专业，其结果只会阻碍孩子正常的人生发展。每一个孩子都有他的爱好与特长，都有他的兴趣点，而这个兴趣点就是孩子的“最佳才能区”。如果父母善于发现孩子的兴趣点，并有针对性地培养就有可能

帮助孩子尽快走向成功。那么如何发现孩子的兴趣所在呢？这首先需要父母养成仔细观察孩子的行为与爱好的习惯。比如，平时多问孩子最喜欢什么，多听孩子内心的想法，多观察孩子平常喜欢反复地做哪些事情等，这样或许可以从孩子可爱的行为中发现孩子的兴趣所在。不过每一个孩子都有自己的特点，并不是每个孩子都会将自己的兴趣点明显地表现出来。因此，这还需要父母平时多给孩子提供机会，让孩子能够早些将自己的兴趣点表现出来。

一位有心的妈妈，在女儿刚刚11个月的时候，发现女儿非常喜欢看电视节目《动物世界》。女儿看得非常专注，表现出极大的兴趣，而对其他一些节目却从未表现出如此大的兴趣。没想到动物对女儿有如此大的吸引力。妈妈非常在意，之后她就有意地让女儿多接触一些关于动物的知识，还逐渐地为女儿买了一些有关动物的图册和影碟。而女儿每每都对这些动物知识表现出极大的热情。这更加坚定了妈妈的决心，于是一有机会就带她去动物园参观，让她看看真实的动物和它们生存的环境。果然，女儿对这些知识吸收很快，学得非常用心，让她讲起来也头头是道，而她对别的知识都表现得心不在焉。为此，爸爸还跟妈妈吵了一架，爸爸认为女孩应该学习钢琴或画画等，就先后给女儿报了钢琴和绘画培训班。但女儿对此却没有兴趣，一点也学不进去。这时爸爸才认识到最好的教育方式，就是顺应着孩子的兴趣方向进行培养，这样才能达到事半功倍的效果。

著名教育家杜威说："成年人只有通过对儿童不断地予以细心观察，才能够进入儿童的生活里面，才能知道他要做什么，才知道什么样的教材能使孩子学起来最起劲、最有成效。"是的，教育最重要的就是经常细心地观察孩子的发展与兴趣所在。父母要积极引导孩子在其感兴趣的事物上下功夫。就像上文中的妈妈，在女儿11个月时就发现了她的兴趣所在，并尽可能地为孩子创造合适的机会与条件，让她在自己喜爱的天地里痛痛快快地畅游，从而使孩子的潜能得到很好的发展。

其实要发现孩子的兴趣所在并不难，因为孩子往往最专注于他所喜欢的事情，也最喜欢做他擅长的事情。父母可以通过与孩子玩各种游戏来发

现孩子的兴趣所在。比如，有的孩子听到音乐就想扭动身体，那么这个孩子可能比较擅长肢体类的活动。如果孩子对一件事情非常专注、表现特别好，那父母就应该有意给他提供更多的机会。此外，不管家长对孩子的爱好是否喜欢都要以极大的热情去支持他，这样孩子才能努力不断地去探求他所喜欢的事物。在孩子选择兴趣爱好时，父母要引导与鼓励而绝不能代替，并且还要鼓励孩子将兴趣爱好发展成为一种能力、将自己的才能优势发挥到极致。

心理能量

兴趣是一个人走进成功大门的钥匙。父母要多鼓励孩子做自己喜欢的事情，并给孩子创造发展兴趣爱好的条件，同时留心观察孩子在日常生活中对各种事物的喜恶表现，以发现他的兴趣所在。孩子只有找到自己的兴趣点，才能将自己的才能优势发挥到极致。

“兴趣效应”：如何利用兴趣增加孩子学习的乐趣？

兴趣是学习的第一要素，是孩子自觉学习的最大动力。因为兴趣是调动人的思维能力与探求事物真相的内动力，也是人们力求探索某种事物或喜欢从事某一些活动的心理倾向。孔子曰：“知之者不如好知者，好知者不如乐知者。”意思是说对于某一知识学问或专业技术，知道它的人对它的掌握远远赶不上喜欢它的人，而喜欢它的人对它的理解又远远赶不上醉心于它的人。因为醉心于它的人已经对它产生了巨大的热情与浓厚的兴趣，因而才乐在其中、迷恋忘返。同样道理，孩子只有对学习产生了兴趣、乐于去学，他才可以不知疲倦地去努力，从而越来越爱学习。如果孩子对学习缺乏兴趣，就无法努力地去学习，遇到难题往往也无法解决，这样在学习上就会变得懒散，这就是心理学上的“兴趣效应”。

当一个人长久地对某一事物抱有孜孜不倦的热情时就是“兴趣”，所以兴趣是一个人从事某一种活动效率最高的心理前提。明代杰出医学家李时珍就是在“兴趣”的驱使下成为一代神医的。相传他在青年时，父亲天天让他读诗书，为的是让他长大后考取功名，但李时珍却一点也不喜欢读诗书，而对中医类书籍很感兴趣，总是背着父亲偷偷地阅读。后来父亲发现他学习诗书没什么长进，而对医学特别喜欢，就不再管他并让他去研究自己喜欢的中医知识。李时珍研究药物的兴趣一直没有间断，他经常一个人上山采药，并亲自品尝药物、实践药性和药理，后来终于著成了医学瑰宝——《本草纲目》，对后世中医发展做出了重大的贡献。

诺贝尔奖获得者丁肇中说：“任何科学研究，最重要的是看对于自己所从事的工作有没有兴趣……这不能有丝毫的强迫，比如搞物理实验，因为我有兴趣，我可以三天三夜待在实验室里，守在仪器旁。我急切地希望发现我所要探索的东西。”是的，兴趣是最好的老师，兴趣是一团火。当孩子对某一事物产生了热爱之情时，就会将这件事做得更好。这团热情之

火是大是小、是熄灭了还是熊熊燃烧，都取决于我们的教育方式——有没有让孩子对学习产生浓厚的兴趣！孩子对学习的兴趣，是要经过不断的开发与培养的，是要靠家长的努力与支持才能逐渐形成的。

著名的西班牙画家、雕塑家毕加索大师是现代艺术的创始人，也是西方现代派绘画的主要代表。他在艺术上取得了非凡的成就，但他小时候却是个不爱学习的学生。课堂上老师讲课时他一句也听不进去，眼睛总是盯着墙上的挂钟，盼望那慢悠悠的指针能走再快一些。后来他实在讨厌老师教的那些枯燥的东西，实在听不下去了就大声喊道："老师，我要上厕所。"被打断讲课的老师很不耐烦地说："一会就下课了，忍一下吧。""嗯。"毕加索也不耐烦地应了一下。可是听到老师讲的还是那些令他厌烦的东西就再也忍不住地说："老师，我能为您画像吗？"老师非常生气地说："什么？你给我画像？我看你还是上厕所去吧！"听了老师的话后，毕加索便飞似地跑出教室，在外面待了一阵子后发现实在没什么好玩的，便又回到教室。可是一会儿他又坐不住了，说："老师，还是让我为您画像吧。"听了毕加索这话，老师非常不悦，下课后他立即向毕加索的父亲反映了情况。

但是父亲并没有批评毕加索，而是关切地问："孩子，你真不想上课，而喜欢画画吗？"毕加索说："是的，我讨厌上课，老师讲的那些东西太无趣了，一点都没有画画有意思！"父亲说："哦，现在我就让你去学画画。不过你可要答应我除了画画之外其他的文化知识也要用心地去学，不然我就再把你叫回来上课。""好的。我一定会一边学画画，一边学文化知识的。"毕加索高兴地回答。父亲就把他送到了当地有名的美术学校学习。此后，毕加索在绘画的领域里表现出了惊人的耐力，小小的他坐在画室里竟然可以一连画几个小时，与课堂上的那个孩子简直是判若两人。父亲看到毕加索对绘画的热爱，心里十分欣慰，就让他一边学画画，一边学文化知识，并且决定让毕加索一直在美术学校学习下去。这样毕加索不但练就了高深的绘画艺术，也掌握了丰富的文化知识。他的作品总是内涵深远，令人遐思。

我们可以设想一下，如果毕加索没有去学习自己喜爱的绘画，父亲也坚持让他与普通孩子一起去上课，那么他长大也许就是普通人群中的一员，绝不可能成为闻名世界的绘画大师。兴趣是孩子的一种天性，它充分说明孩子在某方面有着过人的潜力。有了强烈的兴趣，孩子就可以最大限度地运用他所学过的知识，并更好地去消化、吸收新学到的知识，而且在学的过程中孩子还会感到身心愉快。因此，培养孩子的学习兴趣是一件很重要的事情。

生活中有许多孩子对学习都没有兴趣，包括成绩较好的孩子也是如此。但是孩子的学习兴趣与他们的信心通常是相辅相成的，当孩子对那门功课有了兴趣，那么这门功课的成绩就一定会好。兴趣是推动孩子学习的动力，可以让孩子自觉地去学习。可是怎么才能让孩子对学习产生兴趣呢？对此，父母要仔细地分析孩子不爱学习的原因，然后以孩子自身的特点出发，努力探索有利于孩子学习的因素以激发孩子对学习的兴趣。如果孩子在课堂上不能专心地听讲以至于课后作业不会做。这时父母就要指导孩子把握好听讲的技巧，告诉他听课要心无旁骛，并且还应养成做课堂笔记的习惯；如果孩子由于学不会而不愿意学习，父母一定要多辅导孩子，也可以为孩子请家教，帮助孩子掌握一些学习的方法等。培养孩子的学习兴趣是一个长远的过程，只要父母能够正视孩子的实际需要，就可以提高孩子对学习的兴趣。

著名物理学家杨振宁说，他不赞成有人说他是“刻苦”学习的，因为他在学习中没有感到“苦”，而是体会到了无穷的“乐”。因此，如果孩子能够在学习中得到快乐，那么孩子一定会喜欢上学习，从而成为一个爱学习的孩子。其实年龄越小的孩子越容易对学习产生兴趣，所以父母应当从小培养孩子的学习兴趣。那么怎样才能使孩子将学习变为快乐有趣的事情呢？具体可学习以下三点。

1. 让孩子体验到学习的乐趣。

一开始教孩子学习时，就应该让他学会、学懂、学牢固，使孩子能够掌握好自己所学到的知识。这样当每次提问他时，孩子就能作出正确的回答。孩子既可以体验到学习的快乐，又可以增强自信心，如此孩子就会慢慢爱上学习。

2. 多表扬，少批评。

作为孩子，无论是多么简单的事情，通常一开始他也不容易搞明白，这时父母切不可开口就说“这么简单都学不会，真笨”。如果经常这样批评孩子，孩子在学习中就会产生一种压抑的情绪，心里就会觉得自己很笨，觉得自己没有别人聪明从而厌恶学习。因此，父母要善于发现孩子的优点，并顺势培养孩子的兴趣，再渐渐运用到学习中，这样就不会让孩子对学习产生厌倦情绪了。

3. 与孩子一起学习。

和孩子一起学习，当孩子不懂时，就要多与他共同探讨。当孩子学会了一道难题后，要与他分享快乐或给孩子一点奖励等，让孩子觉得学习是一件令人愉快的事情，从而对学习产生兴趣。

心理能量

培养学习兴趣、让孩子爱上学习，是孩子自觉学习的最大动力。如果孩子对学习缺乏兴趣，就无法努力地去学习，遇到难题往往也无法解决，这样在学习上就会变得懒散，渐渐产生不想学习的念头。因此，父母应从孩子自身的特点出发，激发孩子对学习的兴趣。当孩子有了学习兴趣、乐于去学习时，他才可以不知疲倦地去努力，从而越来越爱学习。

“进门槛效应”：怎样培养孩子的进取之心？

希腊教育家普罗塔戈曾经指出：“孩子的头脑不是一个要被填满的容器，而是一把需要点燃的火把。”一般来说，孩子往往都会对某些方面或某一方面的事物有着强烈的兴趣，而一旦他对这些事物入了迷就会表现出极大的热情，并会以惊人的毅力去研究。因此，父母应以一颗宽容的心去保护孩子的兴趣之源，不要强迫孩子应该做什么、不应该做什么，而应千方百计引导孩子去做他感兴趣的事情。比如，启发他写字、读书、创造、研究等。也就是说，当孩子对某一事物表现出兴趣时，父母一定要引发孩子在此方面的进取之心，挖掘出孩子对该事物的热情，就像心理学上的“进门槛效应”那样，将孩子引入其中。

“进门槛效应”也称“得寸进尺效应”，它是由美国社会心理学家弗里德曼与弗雷瑟提出的。这个效应告诉我们，一旦接受了他人的一个微小的要求，就有接受对方更大要求的可能。就像我们平时登台阶一样，只要一级一级台阶地往上走，就可以一步一步顺利地登上高处。1966年弗里德曼与弗雷瑟就“进门槛效应”做了一个实验。他们派人去访问一组家庭主妇，请求将一个广告牌挂在她们家的窗户上，但被访的家庭主妇中85%的人都没有同意；访问的人只好退而求其次，请求将牌子挂在她们家院子大门口的墙壁上，这时约80%的人都同意了。过了一段时间，工作人员再去访问这组家庭主妇，请求将牌子挂在她们家的窗户上，这时约75%的人都同意了。又过了一段时间工作人员又去访问这组家庭主妇，请求将一个又大又难看的大牌子放在她们家的院子里，没想到竟然有70%的人都欣然同意了。由此可见，大多数人都不愿意一下子接受难度大的要求，却乐于接受难度较小的要求。而且为了避免给他人留下前后不一以及认知上不协调的印象，人们在接受了较小的要求后，往往就会接受较大的要求。

教育孩子也可以如此，当孩子不太愿意接受我们的某一要求时，就可

以运用“进门槛效应”去引导他。当孩子慢慢接受了较低的要求之后，父母则可以对其逐渐提出更高的要求。与此同时，父母要及时地给予孩子肯定和鼓励，从而引导孩子在“自愿”的基础上深入钻研。当孩子全身心地投入到某项活动中时，他就会对该项活动产生浓厚兴趣，把全部精力倾注其中，从而有所收获。明代洪应明在《菜根谭》中说“攻人之恶毋太严，要思其堪受；教人之善毋过高，当使其可从”，就是这个道理。

一位教育家说：“所谓天才并不是由于他们具有很高的天赋，而是他们在幼年时期的兴趣和热情没有被扼杀，并得到了保护和顺利发展。”心理学家皮亚杰说过“所有智力方面的工作都依赖于兴趣”。当孩子对一项事物产生了兴趣，他做这件事情时就会发挥出巨大的能力，表现出与众不同的才能，并会由此获得一种成就感。而且通过一项活动孩子获得的成就感越大，他对这件事情产生的兴趣也越大。当孩子的热情之火被点燃之后，就会表现出惊人的毅力，甚至会创造出奇迹！不过孩子是否能凭着兴趣创造出成功与奇迹，还要看家长的教育与引导。

在培养孩子的进取之心方面，林夕就是一个合格的妈妈。在儿子小迪六岁的时候，她就发现了孩子的最爱——车子。每当看到路上来来往往的车辆飞驰而去时，小迪总是留恋不舍，并且还学着公交车售票员的样子念念有词：“车辆拐弯，请注意……请站稳扶好……车辆到站，请拿好您的……”家里到处都是与车相关的情景：桌上有汽车模型，地上有电动车、摩托车玩具，墙上或画本上有他用蜡笔画的抽象派汽车，等等。

看到儿子对车辆有着如此浓厚的兴趣，林夕就为他提供各种条件，以开发他在这方面的能力。从此她就开始查阅一些相关资料，将奔驰、宝马、奥迪等车辆标志慢慢教给儿子，对儿子进行车标启蒙教育。此外，林夕还经常带儿子到实物车旁观察各种型号的车辆，以丰富他对汽车知识的了解与掌握。儿子每次对车标的专注度都很高，有时还会用手摸一摸。后来林夕又开发了儿子的绘画才能。她教儿子练习关于车辆的图形绘画，在画车辆的过程中会运用到各种图形，因此，林夕又让儿子直观地了解了什么是三角形、圆形、长方形、正方形等。这时，林夕惊奇地发现只要儿子感兴趣，学习任何事情好像都不是问题了。

当孩子对某一件事感兴趣时，他做起来就会很用心。比如，对于一个爱好舞蹈的孩子，即使长时间练习往往也不觉得辛苦，仍然兴致盎然地跳个不停；而爱好画画的孩子往往也不用家长催促，自己就会自觉地去画个不停。因此，当我们发现孩子对某事物兴趣很浓厚时，我们就要适当地去引导孩子，使其慢慢地真正喜欢上这一事物。

一般来说，孩子容易对某些事物产生兴趣但难以持久，遇到这种情况时就需要父母帮助孩子强化兴趣，并多鼓励与引导孩子，给孩子增加一些正能量。只有不断地强化才能使孩子的兴趣巩固下来，如在孩子取得一些小的成功时，就马上鼓励他并给予一定的奖励，像“进门槛效应”一样逐步使孩子尝到甜头，就能使孩子产生越来越浓厚的兴趣心理。不过，如果孩子出现不健康的兴趣家长切不可放任不管，应以正当的兴趣来引导他，比如用有新奇感的事物吸引孩子，使他一步一步朝着正确的方向发展，从而达到教育的目的。

心理能量

孩子的兴趣热情一旦被点燃就会表现出惊人的举动，有时甚至会创造奇迹！因此，当孩子对某事物表现出浓厚的兴趣时，父母一定要及时引导，不断挖掘孩子的潜能。

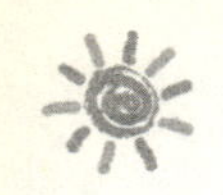

第4节 “求知欲望”：如何挖掘孩子的求知能力？

一般来说，人的“求知欲”都是由“好奇心”发展而来的，它是人们用一种很积极的心态去探求知识时所产生的一种欲望。兴趣是求知欲的动力。孩子一旦对某件事情产生了兴趣就会主动去了解这件事情，把求知变成一个积极求索的过程。这时，孩子会主动地获取知识并积极地思考，在精神上呈现出一个最佳的求知状态，因此，父母不要轻视孩子的好奇心。比如，孩子在对大自然进行各种好奇探索时，家长不要把自己的想法强加到孩子身上，不允许他们去探索与课本、作业无关的事情。这样不但束缚了孩子天真活泼的个性，还扼杀了孩子求知的欲望。

一个动物园里有一只猩猩，近一段时间总是闷闷不乐的样子。动物管理员为此想了很多办法，但都不能使它开心起来。比如，给它几个玩具，但玩不了两天还是闷闷不乐；给一些它喜欢吃的食物，但吃了两天之后仍然是闷闷不乐；管理员又找了另一只猩猩给它做伴，但几天后之它还是照样闷闷不乐。怎么才能让这只猩猩开心地生活呢？最后管理员从一个动物学研究者那里得知大凡动物都有猎捕的欲望，特别是像大猩猩这种野性很强的动物，更改变不了天生的猎捕欲望。了解了大猩猩的特性，管理员很快想了一个办法：每天把喂给大猩猩的食物藏起来，让它四处寻找一番才能吃到，而且还常常将食物藏在多个地方，这样一来，大猩猩只有通过一次又一次的寻找之后才能吃到食物。不过，一点也不用担心大猩猩会饿着，因为大猩猩是非常聪明的动物，不管食物藏到了哪里它都能找到，而且每次找到之后都非常开心，吃得一副津津有味的样子。原来它在找食物的过程中，满足了内心的“猎捕”欲望，所以才能开心起来。

心理学家认为求知欲望是人天生的精神需要，这种欲望一旦变得强烈

就会成为学习动机的一个重要的心理因素。因此，如果我们挖掘出孩子的求知欲望，那么让孩子提高学习成绩就不是什么大问题了。家长要为孩子多提供对不同事物的观察机会，多挖掘孩子身边的环境资源以唤醒他的好奇心，打开他的求知欲望，这样才能使孩子更好地成长。

17世纪初的荷兰米德尔堡小城有一个叫利珀希的眼镜匠，他的店里挂着各种各样的眼镜及镜片，生意还不错。利珀希几乎天天都在为磨镜片忙碌着，自然也就产生了很多不能用的废镜片。没想到这些废镜片却成了利珀希三个儿子的宝贝。这三个孩子觉得这些东西非常神奇，只要一有时间就摆弄这些透明的镜片，常常玩得入迷。一天他们在玩镜片时，最小的孩子突然兴奋地叫起来，只见他双手拿着两块镜片一边观看一边来回地挥动着。两个哥哥见状马上跑过去夺下弟弟手中的两块镜片，也学着他的样子往远处观看。这时，奇迹出现了，他们发现天上的飞鸟、房上的瓦片、远处的树木等都看得非常清楚，仿佛都近在眼前。他们惊奇得大叫起来，惊动了利珀希。他赶紧放下手中的活儿也学着孩子们的样子，一只手拿一块凸透镜，另一只手拿一块凹透镜，将两块镜片对准远方的景物观看，发现远处的事物一下子放大了许多，而且距离也近了许多。这个发现给了利珀希很大的启发，后来通过多次试验，他发明了世界上第一架“望远镜”。

求知欲望大多是在兴趣中产生的，尤其是孩子常常会通过一些游戏而对某一事物产生好奇甚至迷恋之情，从而激起内心对好奇事物探究的热情，而这也正是培养孩子求知欲望的入口。因此，当家长发现孩子热衷于某一事物时，不要鲁莽制止，而是要为孩子提供机会，让孩子尽可能多地接触一些新鲜的事物，给孩子足够的时间去发现生活的乐趣，去探索自然万物的奥秘。同时，父母应给予孩子及时的鼓励和因材施教，以将孩子的求知欲挖掘出来。

被称为“航天奇才”的大双和小双，是一对孪生兄弟，而且两人都很有才学。他们在14岁那年一并考入北京航空航天大学，19岁时又一起成为本专业的博士研究生。22岁那年他们不但作为技术骨干参加了国家

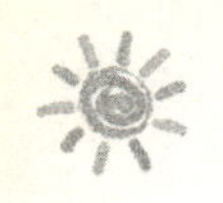

“863”“963”课题的技术研究，而且他们的能力也是受到了导师及专家的欣赏。

说起这兄弟俩的成长之路，无不与父母对他们因材施教的教育方式有着莫大的关系。兄弟俩从小就对电器有很大的兴趣，一次他们蹲在地上观察墙上的电源插座，研究插座里面到底有什么。他们很想弄明白为什么只要把插头插上，电风扇就能转动，冰箱就能制冷。他们好奇地拿一根铁丝想插进去试验一下，没想到还没插上就电花爆闪，两人都被电到了，他们俩都吓得尖叫起来。他们的父亲金慰康上校知道这事后非常担心，但又清楚地知道好奇是孩子的天性，此时吓唬与责骂都是不利的。于是，父亲克制着自己的担心和后怕，耐心地为儿子讲了电能常规知识，同时也讲了一些安全用电的方法。此后，父亲还支持他们把家里的电器拆开做试验，并鼓励以及教他们学习修水龙头、马桶等。渐渐地，大双和小双成了经验丰富的“维修能手”，不管冰箱、电视机、吸尘器、手机等出了什么故障，他们往往都能修好。就这样，他们逐渐成长为航天奇才！

父母平时除了要保护好孩子的好奇心之外，还要多激发孩子的求知欲望，可以采取诱导的办法培养孩子广泛的兴趣，帮助他打开知识的大门。有心的父母平时可以让孩子做些有趣的实验。在做实验的过程中，孩子平时所学的知识都可以得到一一的验证，还能从中尝试到运用各种知识的乐趣。此外，有趣的实验还可以让孩子在实验的过程中发现一些更新奇好玩的事物，从而又引发新的学习动力与求知欲望。那么我们又该如何来诱发孩子的求知欲呢？有心的父母可以采用以下几个方法。

（1）在家里给孩子提供大量的实验器材，如地球仪、钟表、磁铁、冷热器、指南针、放大镜等物品，给孩子提供一个充满奥秘的环境，使孩子产生好奇心，进而诱发孩子对这些物品的求知欲望。

（2）孩子大都天真无邪、心思明净，且想象力丰富。我们可以利用孩子的这个特点有意识地诱导孩子进行天马行空的想象，并抓住孩子的求异心理，让他们根据一些科普知识进行大胆的联想。当孩子知道他所想象的很多事情都是不可能轻易地实现时，他就会做出进一步的思考，从而积极地去探索广阔的未知世界。

（3）大自然丰富多彩、奇妙万千，可以给予孩子无穷无尽的快乐与智慧。带孩子到大自然中去了解山山水水、日出日落、鸟语花香、奇物异兽、风雨雷电等，会让孩子思路开阔，情不自禁地产生奇妙的遐想，从而引发其对大自然探索的欲望。

（4）制造一种悬念，越神秘越好，并以此来激发孩子的好奇心与求知欲望，要知道越是疑难问题越对思维有启发作用。有心的父母可以结合生活中的情景，巧设一些不易懂的疑问与神奇之处以点拨孩子的思考能力，将孩子的思路引向求知的方向。

心理能量

人们积极探求新知识的欲望是非常可贵的，因为只有强烈的求知欲望才可以使人主动去了解一件事。因此，一旦发现孩子对某一事物特别有兴趣，父母一定要大力支持，无论如何都要将孩子的求知欲挖掘出来。

第5节 “好奇心效应”：尊重孩子的爱好

在今天百业千行、多姿多彩的生活里，人的个性与潜能都得到了较为充分的发展。许多事实证明，人们小时候培养的才能往往可以为其一生的事业打下坚实的基础。因此，父母一定要早些挖掘孩子的潜能，并且要尊重孩子的爱好与好奇心。即使孩子的爱好与我们的想法有所差距，但只要是正当合理的都应该给予支持，并鼓励孩子为自己的爱好奋斗。要知道孩子只有在做自己想做的事情时，他才能将自己的潜能与才学发挥得淋漓尽致。而且通常爱好与他们的好奇心联系在一起，这样还可以锻炼他们养成专注与认真的意志和品质，更有利于孩子以后的发展与成长。一旦孩子真心喜欢了某些事物，强烈的好奇心就会促使他主动地学习，从而取得事半功倍的效果。

在一家大型公司里突然进来一个女孩子，她直接闯入公司的办公室，一进门就大声地说：“各位下午好，请允许我为你们唱一首最奇怪的童谣吧。”没等大家说话，她自己就扯开嗓子唱起来了：“陀螺骨碌骨碌地转；陀螺，转呀转个没完；陀螺，转转转……哎呀，不好，陀螺掉进水池里了。”正在大家都为她这首奇怪的歌好奇时，她又接着说：“我们公司的美味食品正在搞活动，好吃不贵，请大家都来尝一尝吧！”结果大家想都没想就纷纷买了她的食品。

从上面这个故事可以看出，好奇心是引发兴趣的线索。当一个人产生了好奇心之后他就会努力地探索该事物的真相。而上面故事中的女孩就是利用人们的好奇心达到了推销成功的目的。可见好奇心是“心灵的诱惑”，而面对这种诱惑几乎没有人可以抵挡。聪明的父母可以利用孩子的好奇心去挖掘孩子的潜能，看孩子有哪方面的爱好就可以培养他哪方面的

专长。尊重孩子的爱好是孩子成才的关键。可是生活中有很多父母不但不尊重孩子自身的兴趣发展，还总是按照自己的主观意向去安排或规定孩子的爱好。还有些家长从孩子上学开始就想尽办法让孩子多学课本知识，即使节假日也不让孩子随意自由地玩耍，而是给孩子安排各种课程学习。虽然这个出发点是好的，但这样做往往会在很大程度上延误孩子的未来发展，因为我们喜欢的事情孩子未必喜欢，也未必适合孩子去学习。如果孩子不喜欢、不愿意去学，那么不管我们安排得多好都是没有任何意义的。所以家长应尊重孩子的兴趣，不能将自己的想法强加在孩子身上。

尽管有时候孩子的一些爱好不太合理，父母也不要粗暴地阻止或指责，否则就会掐灭孩子探索的兴趣，因为他们总是渴望通过自己的探索来了解世界的真相。其实，随着年龄的增长和见识的增加，孩子们慢慢就会将自己的爱好与兴趣进行调整，哪些是合理的，哪些是不合理的，他们自己会进行分析与选择。如果家长在开始的时候就武断地否定孩子的兴趣，不但会严重地挫伤孩子求知的积极性，还有可能会摧毁孩子刚刚萌生的智慧之苗。有心的家长应该利用孩子的爱好来激发他的好奇心与求知欲，从而大力地开发孩子的智慧与潜能。

畅畅10岁了，是个聪明的小女孩。虽然她的学习成绩不是班级里最好的，但经常排在前十名，尤其是作文，总是写得很优秀。老师说每当写那些关于花草植物的题目时，畅畅总是写得又生动又形象逼真，不像其他同学，经常搞不清什么植物长什么样子。原来畅畅从小就喜欢花草，经常去奶奶的小院子里与奶奶一起种植花草，还常常给那些花草浇水、除草、捉虫子，有时还用手在泥土里扒来扒去，弄得两只小手脏兮兮的。尤其是当有花草长出新叶或开了花儿的时候，畅畅都乐得兴奋不已，对那些花草看了又看，常常喜欢得入了迷。为此，妈妈却非常不高兴，认为女孩应该学习舞蹈、绘画等，整天在泥土里摆弄花草没出息，于是就不许畅畅再到奶奶的院子里去，并且还吩咐奶奶将畅畅最喜欢的几种花草挖出来送给别人。看到妈妈这种态度，畅畅心里非常难过，她不明白妈妈为什么如此讨厌自己种植花草，而且愈想心里愈结疙瘩，慢慢地对什么都失去了应有的热情。后来畅畅对学习与生活也产生了厌倦情绪，不管是什么都没有心情

去做了，表现得对什么事都提不起兴趣，老师布置的作业与作文也不想写了，渐渐地学习成绩也越来越差。

看到畅畅的成绩大幅度下降，妈妈才感到了问题的严重性，明白自己不该如此严厉地干涉女儿的爱好。于是她立即改变了自己的教育态度，主动做些畅畅喜欢的事情，以重新培养她的兴趣与好奇心。她知道女儿喜欢植物，就买了一些她喜欢的花草种植在家里，并允许她还像以前那样可以经常去奶奶的院子里摆弄那些植物。如此一来，畅畅再次投入到自己的爱好之中，各种各样的花草再次燃起了她的好奇心与快乐的情绪。一段时间之后，畅畅的作文又得了满分，学习成绩也渐渐上来了。这时妈妈才明白了好奇心的重要性。

从上面这个故事我们可以看出，孩子在从事一项活动时总是兴高采烈地全身投入，没有多想其他的事情，心里只是希望得到家长和老师的认同。在孩子心目中，父母是最有权威的评价者，可总是会有很多父母喜欢否定孩子所做的事情，如“谁叫你做这么糟糕的事情，没出息”或“这么简单的事情都不会，你可真笨啊”。殊不知这种态度会很严重地打击孩子的积极性，使他觉得自己一无是处。因为父母说他做得不对，他就会认为全是自己不好；说他笨，他就会认为自己真的很笨。这样，孩子的学习兴趣就会随之消失，甚至以后对什么都提不起兴趣。

张静是一位漂亮的妈妈，自从女儿小凡出生后她就从单位辞职，在家当起了全职妈妈。在她的精心培养下，女儿小凡在各方面的发展都不错，在学校或培训班里经常拿到一些优秀奖状。当有人问起她是怎么培养孩子时，张静说自己的女儿学习不错，对学习英语和写作文有兴趣，于是平时就多注意在这方面引导她。女儿一开始作文就写得不错，常常得到老师的表扬，于是就很喜欢语文课，写起作文来也更起劲，这样每次语文考试成绩都是全班第一。更让张静高兴的是，女儿的外语也学得很好，在培训班里也是佼佼者。她觉得孩子学习外语从小时候抓起最好，因此，她对女儿的外语从小就抓得很紧，平时总是和女儿一起说一些简单又常用的外语单词。这样由于从小外语基础就打得好，女儿对英语也越学越有兴趣，而且

效率也越来越高，这令她非常欣慰。

但是女儿小凡的数学成绩却不太好，常常考得刚刚及格。为了培养女儿对数学的兴趣，张静总是以真诚的语气鼓励女儿：“你的外语与作文学得那么好，我相信数学也绝对不会差到哪儿去……”以此鼓励女儿学数学的积极性。当小凡的数学成绩有点进步时，她又大大地表扬一番，使女儿保持学数学的兴趣。张静还与数学老师配合，让女儿在班里当一个学期的数学科代表，这样为了给其他同学树立一个榜样，小凡就非常认真地学习数学，她的数学成绩也慢慢赶了上去。后来小凡的英语、语文、数学的基础都很扎实，而这些重点学科学好了，也自然而然地带动其他学科的成绩，终于成了班级里最优秀的学生。

兴趣是孩子求知的动力，现代社会又是一个以能力生存的时代，如果孩子能在某一领域有自己的专长就往往更受青睐。所以父母应高度重视孩子兴趣与爱好的培养，以使孩子的未来得到更好的发展。家长一定要尊重孩子的兴趣，尤其不要盲目地为孩子选择兴趣。要知道孩子的兴趣通常和他自身的特殊智能有着密切的关系，也就是说，孩子最大的潜力常常体现在他最感兴趣的地方。因此，当孩子的“兴趣之苗”萌发时，有心的父母一定要精心呵护，切不要随意地破坏。我们一定要正确引导孩子的兴趣，使孩子快乐地生活，将来也许他会在这一领域取得不俗的成就呢！

心理能量

好奇心是孩子兴趣发展的源泉，强烈的好奇心可以激发孩子的求知欲。而且孩子们大都渴望通过自己的探索来了解世界，所以他们总是表现出好动、好问以及好奇的心理特点，这时有心的父母一定要多培养孩子的好奇心，从而开发孩子的智慧与潜能。

第6节 “鱼缸法则”：要不要将自由还给孩子？

现在的孩子看似很幸福，个个打扮得像王子、公主一般，整天奶奶疼、姥姥爱的……可以说吃穿用戴等一切生活条件都是优越无比的。这样一来总会有很多成年人羡慕现在的孩子，认为他们的生活实在是太幸福了。但是孩子真的很快乐吗？孩子们从会爬会走路开始就时刻受到成年人的制约，如“不许在地上爬”“不许到别人家里去玩”“不许在墙壁上乱画”“不许玩沙土”“不许将衣服弄脏”“不许……”这一大堆的戒律与规定牢牢地限制了孩子们的自由与快乐。如此看来孩子们真的是太苦了！他们没有了自由，谈何快乐？他们没有了快乐，谈何幸福？要知道只有自由才是孩子天真活泼与幸福欢乐的源泉。因此，明智的家长一定要给孩子自主的权力，让孩子充分地享受自由的生活。也许有的家长会说，孩子还这么小，什么都不会，什么都不懂，不严管严教会出问题的。是的，孩子还小，离开大人的照顾是不行的，不教育更是不行的。但是孩子成长需要的是引导或指教而不是强制或训教，所以好家长应给孩子一定的自由，在孩子玩耍与学习的过程中做好孩子的牵引者和指导师，而不是将孩子限制起来。日本“最佳”电器公司的创建人北田光男先生曾提出“鱼缸法则”教育法，他说孩子如果像生活在鱼缸里的金鱼那样没有一点自由，是不会有多大发展的，这样不但会严重地阻碍孩子的成长与发展，还会使孩子失去本该拥有的快乐时光。

美国有一家大公司，这家公司的办公室门口摆放着一个漂亮的金鱼缸，里面养着一些可爱的小金鱼。它们长三寸左右，长得光彩漂亮，天天都在开心地嬉戏着，吸引着来来往往的众人的目光。就这样两三年过去了，小金鱼似乎没有什么变化，它们依旧天天在鱼缸里游来游去，大家也就习以为常地欣赏着。直到有一天，总经理的孩子来到公司，看到这些小

金鱼，便好奇地用手去抓，但一不小心，竟然将鱼缸推在了地板上。鱼缸碎了一地，顿时鱼缸中的水四处横流，离开了水的小金鱼们趴在地上一动不动，只有大嘴巴在不停地喘气，眼看着他们就要一个个死翘翘了……情急之下办公室的几个工作人员赶紧将小金鱼捡了起来，他们看到院子里喷水泉的池子里有水，就急忙将它们全部放了进去。过了一段时间，公司又买了一个新鱼缸，经理就吩咐办公室的工作人员将金鱼从水池子里捞出来，重新放在鱼缸里。可是当几个工作人员跑到喷水泉池边时，大家立即傻眼了：这些小金鱼竟然长到一尺多长了！小金鱼突然长大了，真是令人万分惊讶！它们为什么在这短短的时间内长这么快呢？大家进行了各种猜测，意见不一，但都有一个共同点，那就是喷水泉的池子要比鱼缸大得多！

上面这个故事就是心理学上的“鱼缸法则”，在狭小的鱼缸里生活了两三年的金鱼才长了三寸长；而将它们放到大水池中，却在很短的时间内长到了一尺多长。这个现象充分说明金鱼在狭小而有限的空间里是不可能有较大发展的，只有自由而广阔的天地才有可能让其成长，才可能出现奇迹。而我们的孩子也与小金鱼一样，只有给他们自由而广阔的成长空间，孩子们才可能发展得更好，才能更健康聪明地成长。但是生活中有很多父母总是人为地给孩子制造成长的阻碍，有意地限制孩子的活动空间，不许孩子这样或那样，将孩子拘泥在狭小的“鱼缸”里，使孩子没有自由宽阔的生活空间。现在很多家庭都是几个成人看管一个孩子：爷爷奶奶、外公外婆、爸爸妈妈等，孩子稍有点风吹草动，不是这个阻拦就是那个代替，不管做什么事，孩子一点自主的机会都没有。当孩子上了幼儿园以后，孩子又得天天受老师、场地、规则、伙伴、玩具等制约；当孩子上了小学以后，学校的规章制度、纪律又将孩子牢牢地约束住了。如果孩子在家里仍然是没有一点自由的空间，那我们又该让孩子如何全面地发展呢？对此，美国数学家哈里·科勒说：“教育孩子就如同牧童放牛，我们不能像那些无知的牧童一样，硬牵着牛的鼻子走路。我们应该向农民学习牵牛时只到拐弯的地方才会抖动一下缰绳。”诚如他所说，科勒的老师教育学生时总是先让他们自己学习，遇到了不懂的地方才可以问老师。而在给学生进行

解答时，老师也只是进行旁敲侧击的提示，从而引导学生自由发挥。

孩子的成长需要自主的机会与自由的空间，家长应该将自由与自主的权利还给孩子，要知道每个人都有自主权。因此，我们一定要尊重孩子，凡事都让孩子自己去做决定，哪怕孩子的选择有多么的错误与愚蠢也不要过于干涉与限制。这样才可以将孩子的积极性与潜能调动起来，孩子长大后才能够自立而不过分依赖别人。尤其是随着孩子的不断成长，家长应该学会自我控制，除掉多余的担心并且要学会让孩子自己规划他的未来。多给孩子一些自由与发展的空间，不要替孩子选择朋友，并尽量多让孩子自己去接触一些新鲜的事物，尤其不要剥夺孩子玩耍的权利。让孩子来控制自己的生活，让他自己去体验各种各样的生活经历，我们只担当指引的角色就可以了。

其实，当我们将自由的权利还给孩子时，虽然你看到他玩得更疯了，但他的作业却不知在什么时候就已经完成了。这时孩子的想法会变得越来越活跃，内心也会越来越自信，当然发展也就越来越全面了。这样，你会发现孩子在不知不觉中越来越优秀了！

心理能量

自由是人生最大的快乐，失去自由的人生就等于生活失去了阳光。如果孩子在家里没有一点自由的空间，那么孩子就不可能有良好的发展前景，因为孩子的成长需要自由的空间、自主的机会。因此，家长平时就不要处处限制孩子的活动，而应该多给孩子一些快乐自由的生活空间。

第三章

当和孩子一起外出交往时——交往心理

“一个人的成功30%靠才能，70%靠人际关系”，这是美国心理学家卡耐基所言。在才能竞争日益激烈的今天，没有人际往来做什么都将会寸步难行。交往能力是一个人的立足之根，它在我们成长发展的过程中起着不可代替的作用。只有通过一定的人际交往才可以促进一个人的社会化发展，才可以实现其人格的成熟。也就是说一个人的交往能力决定着一个人的人生发展状况，所以培养孩子的人际交往能力是一件非常重要的事情。尤其是对于那些不善交际、不会与人交往，甚至害怕与人交往的孩子，一定要引导他们早些迈出交际的门槛，走向人际交往的社会大课堂。

第1节 “角色效应”：教孩子扮演好自己的社会角色

在生活中，我们每个人都像戏剧里的人物一样各自扮演着属于自己的社会角色，而且我们每个人的角色在生活中又都是与其他角色紧密联系在一起的，从来都不可以孤立存在的。比如一个男孩子，在小时候是父母的儿子、爷爷奶奶的孙子，是老师的学生、伙伴的朋友；工作之后，或是上级或是下属；结婚之后，做了妻子的老公、儿子的爸爸；等等。随着时间的流逝与情况的变化，我们每一个人都必然地扮演着诸多不同的社会角色。所以让孩子从小扮演好自己的角色并学会角色转换，才能使孩子以恰当的身份融入社会，从而很好地与他人交往，在社会和人际关系中找准属于自己的位置，使自己的人生得到更好的发展。

在一个家庭中有一对同卵的双胞胎姐妹，她们的外貌从小就非常相似，就连很熟悉的邻居也常常弄不清谁是姐姐谁是妹妹。直到上了中学，在她们不同的待人接物方式上，大家才能分清谁是姐姐谁是妹妹。因为这对双胞胎姐妹虽然外表长得很像，但她们的个性却非常不同。妹妹是个娇滴滴的小女孩，性格内向、不善交际，不但遇事缺乏主见，而且与人说话总是羞答答的，依赖心也很重，凡事总喜欢姐姐帮自己去做。而姐姐则是个性格开朗且独立的人，她不但待人热情、做事果断干练而且还喜欢交际，在很小的时候就具备了独立自主的能力。

那是什么原因造成这对孪生姐妹相貌相近而性格上却有这样大的差异呢？原来从她们俩一出生父母让她们扮演的生活角色就大不一样。虽然妹妹只比姐姐晚出生一小会儿，但她却处处得到姐姐的照应，遇事也总是同姐姐商量，同时也要听姐姐的话，姐姐说不行的她都不敢去做。而姐姐在生活中处处都得照顾妹妹，时时担当姐姐的角色保护妹妹，并对妹妹的一切行为负责。这样天长日久姐姐也就历练成了一个“大姐姐”，她不但使自己养成了独立处理问题的能力，还养成了外向开朗、主动负责的个性；

而妹妹由于经常处于被保护的地位也自然而然地扮演起“小妹妹”的角色，自己什么事都不敢做，处处都得依赖姐姐。她们由于充当的“角色”不一样，从而成了两个个性明显不同的人，这就是心理学上的“角色效应”。

从上面这个案例中我们可以看出，一个人在生活中所扮演的角色对他以后的个性与人生发展有多么重大的影响。所谓“角色效应”，最早是由美国社会心理学家辛巴多提出的，他明确地告诉我们社会角色适应对人际关系发展的重要性。如果我们能成功地扮演好自己的角色，将自己的身份在人际关系中运用自如，不但可以迎合社会的需要，同时也可以满足个人的人生发展。因此，为了使孩子的人际关系更加融洽和谐，今后的发展更广阔，我们一定要让孩子扮演好自己的社会角色，从小培养他良好的角色意识和扮演能力。要知道那些不能胜任各种角色的人，不但在社会关系中容易与人发生冲突，还会闹出很多让人啼笑皆非的笑话，以至于给自己的生活带来困扰，给自己的人生发展带来巨大的障碍。

众所周知的英国女王维多利亚，是一个非常有魅力与政治手腕的女人。有一次，她和丈夫在书房发生了激烈的冲突。两人争吵之后丈夫阿尔伯特亲王非常生气，一个人怒气冲冲地离开书房去了卧室。到了晚上，维多利亚女王去卧室睡觉时发现房门紧闭，就大声呵斥丈夫说：“快开门！”但屋子里没有任何反应。女王只好又敲门，这时丈夫在里面问：“你是谁？”“我是英国女王。”维多利亚仍然盛气凌人地回答，但这样的回答毫无作用，房间里仍然没有任何反应。过了一会儿，女王只好声音柔和地说：“我是维多利亚，你不知道吗？”可是房门还是没有打开。怎么办呢？最后女王只好耐住性子，以非常温柔的声音说：“亲爱的，开门吧，我是你的妻子呀。”这次话音才刚落，房门就打开了。

上面这个故事非常鲜明地表现了“社会角色转换定律”，一个人的社会角色是要随着时间和情况的变化而发生不同的变化与转换的。只有角色的变化与转换都很得当与合理，才能使我们的人际交往得以顺利地进行，否则就会像英国女王维多利亚一样吃“闭门羹”。在社会生活中，我们

不但要让孩子学会扮演很多不同的角色，还要把握好角色的变化与转换，才能使孩子在人际交往中游刃有余。可是在现实生活中却有许多孩子在社会交往方面存在着很多的不足，尤其是一些独生子女，在人际交往中不但主动性差，还不能大胆表达自己的思想。他们不但不会与人合作，还不知道如何与人交谈，一遇到不熟悉的人就会胆怯、退缩，而有的还表现得自私、霸道、不讲道理，这些行为就是没有将自己的社会角色扮演好的具体表现。所以我们平时一定要让孩子扮演好自己的角色，并学会合理运用角色的转换与变化，以减少社会角色冲突与人际关系矛盾的发生。比如当孩子站在老师的角度上时，就会理解老师授课的辛苦；当孩子站在朋友的角度上时，就能理解“己所不欲，勿施于人”的道理；当孩子站在父母的角度上时，就能理解父母的责骂是源于对自己恨铁不成钢的苦心……

想让孩子胜任自己的角色还得多让孩子走进生活，多接触社会，多了解一些人和事，才能增加孩子对不同社会角色的充分理解与感性认识。我们还要告诉孩子，当自己的身份在转换角色后，还应当对不同的角色承担相应的职责和义务，这样才能顺利地与人进行交往，避免与人发生冲突。因此，家长可以多带孩子到一些公共场所去，引导孩子多观察他人都在干什么、是怎么做的，再让孩子留意一下人和人之间的关系是如何互动的。比如乘坐公共汽车时可以让孩子留意一下“售票员”与“乘客”之间的角色互动，再了解一下“司机”和“售票员”之间的角色及互动关系，以及“司机”与“乘客”的角色互动等，并确认一下他们各自的职责等。如果孩子不太喜欢交往，可以告诉他每一种角色的相应能力都不是天生的，大部分人都要靠后天的学习才能掌握与应用。这样等孩子有了一定的生活经验及对角色的充分认识之后，他就可以慢慢地扮演好自己的社会角色了。

心理能量

在生活中每个人都扮演着不同的社会角色，而且有些角色是特定的，是只属于我们自己的，只有让这些角色随着情况和时间的变化而发生相应的变化，我们才能将其扮演得恰如其分，所以从小培养孩子的角色意识非常重要。其实，我们不但要让孩子学会在人际关系中扮演不同的角色，还要教他把握好不同角色的微妙之处与特征，这样才能使孩子在人际交往中游刃有余。

第2节 "亲和效应"：培养孩子与人交往的亲切感

大千世界，芸芸众生，人来人往，古往今来的人际往来与人际关系都是千丝万缕、纵横交错的，更是形形色色、各种各样的。生活在这样的社会关系中，我们的孩子从小就要与很多的人认识与交往，这样才能融入这个变化的世界，才能拥有一个完整的人生与生活。因此，只有从小锻炼孩子的沟通能力，培养孩子的实际交往技能，才可以使孩子避免交际失误与不当，从而拥有良好的人际关系。那么怎样让孩子拥有良好的交往能力呢？一些社会心理学家认为可以运用"亲和效应"来帮孩子打开交往的大门。

所谓"亲和效应"是指使人亲近、愿意接触的一种带有亲切感的力量，它也是人们常有的一种心理定势，在心理学上也叫"亲和力"。比如原本素不相识的两个人，由于一方或双方都拥有亲和力，于是很容易相处在一起，从而聊得十分开心。一个人对他人的友好与亲切就是具有亲和力的表现。再比如我们在异国他乡巧遇故乡之人，这时就会倍感友好与亲切。亲和效应可以促使交际的融洽与和谐，使双方感到更容易接近或交流，从而产生快乐交际的情境。因此，亲和力是让交际对象钦佩、赞赏以及认同，并提升人格魅力的一种情感表现。

亲和效应还有"自己人"作用，比如一个人如果想要让他人把自己当成"自己人"，在没有任何血缘关系的情况下就需要运用"亲和效应"。这时可以主动地向对方示好，比如，可以说自己与对方有相似的志向、爱好、兴趣、习惯、利益等，主动地让别人对自己产生好感，这样对方就会乐于接近、认同并喜欢自己。人与人之间只有存在着一些共同或者相似之处，互相之间才会更容易产生共鸣意识，从而乐于接近。这也是人际交往中常存在的一种心理倾向，它可以促使双方进一步接近与体谅。所以在培养孩子的交往能力时可以先培养孩子的亲和力，让孩子将"亲和效应"合理地运用到交际应酬之中，就能使自己的交际更富有人缘魅力。

小代上小学二年级了，是个可爱的男孩，但是最近这一段时间远远没有上小学之前让人喜欢了。因为那时的小代不但胖乎乎的脸蛋长得可爱，还是个很乖巧的孩子，每天在院子里玩耍时见了周围的爷爷奶奶、叔叔阿姨、哥哥姐姐们总是小嘴巴叫得欢。最令人喜欢的是，叫他唱歌就唱歌，叫他跳舞就跳舞，整天一副乐呵呵的样子，自然也是大家公认的“开心果”。可是自从上了小学后爸爸给他报了个“跆拳道”训练班，这小子一下子变得威武起来了：每次训练回来不管见到谁都会对人家“拳打脚踢”一番，以显示自己的“厉害”。这下院子里的爷爷奶奶、叔叔阿姨、哥哥姐姐们都不喜欢他了，对他很有意见，不但不再夸他很乖还纷纷投诉他太顽劣，于是大家都不逗他玩了。这时妈妈看在眼里、急在心上，觉得这样下去小代这孩子很可能会成为一个人人讨厌的孩子，这可怎么办呢？就暗下决心帮孩子改掉这种顽劣的个性。

这天傍晚，妈妈买了一些糖果、瓜子带着小代一起走到小区的院子里，对他说：“代代，你知道院子里的爷爷奶奶、叔叔阿姨、哥哥姐姐们为什么以前都很喜欢你吗？”小代茫然地摇了摇头。“那是因为你之前可爱、有礼貌，还大方懂事。所以如果你还与以前一样，大家仍然会很喜欢你的，而现在呢，你经常踢人、打人，这是很不友好的举动。再这样下去大家就会越来越不喜欢你了，也没有人愿意搭理你了，这是不是一件很不快乐的事情呢？”听了妈妈的话，小代点点头，似乎明白了什么。“来，宝贝，妈妈知道你最乖了。快把这些糖果分给爷爷奶奶、叔叔阿姨、哥哥姐姐们吃。”“嗯，好的。”小代高兴地答应了，一边拎着糖果分给大家吃，一边说：“对不起，我以后再也不踢人了，我将学会的跆拳道表演给你们看好不好？”“哦，好好，这孩子又变可爱啦。”“呵呵，谢谢小代哦。”“呵，好。小代这孩子越来越懂事了。”听着大家的称赞，小代和妈妈都高兴得脸上乐开了花。

天真无瑕的孩子是非常纯朴的，而好奇、爱玩就是他们成长中的天性，可以说他们的世界是大人赋予的。因此，家长一定要多注意孩子的爱好与个性，在教育时才可以做到因材施教。为了使孩子拥有良好的交往能力，父母应该多培养孩子的亲和力，主动帮助孩子成为受欢迎的人，就像上文中小代的妈妈那样。那么如何培养孩子的亲和力，让他成为一个人见

人爱的孩子呢？下面几个方法可供学习与参考。

1. 悦耳的话语。

悦耳动听的话语犹如美酒一样能使人陶醉其中，所以与人交往时话语不在于多少，而在于巧妙地表达到对方的心坎之上，使对方听得顺耳贴心便达到了“亲和”的作用。有心的家长可以告诉孩子与他人交谈时一定要多用悦耳甜美的语言，比如“叔叔，早上好”“姐姐今天穿得好漂亮哦”，以营造温馨的交际氛围，从而获得对方的好感。

2. 灿烂的微笑。

灿烂的笑容能使人赏心悦目、心情舒坦，没有人会讨厌一张充满微笑的脸。无论是熟悉的人还是陌生的人，亲切甜美的笑容都是我们打开对方心灵的不二法宝。在笑容的感染下，即使冷漠的人也会感到温暖与愉悦。所以家长一定要告诉孩子在交往中不要吝啬他的笑容，粲然一笑是施展亲和力最有效的“开场白”，经常以微笑示人，全世界都会向他敞开温暖的怀抱。

3. 平易近人的态度。

要想建立一个和谐的人际关系，一个最重要的方法就是要注重个人的处世态度。恭谦处世、大度待人是平易近人的交往风范，因为谦和是尊重他人的最好姿态，它不仅可以提升交际的和谐与融洽度，还能增加亲和力，更能迅速拉近与对方的心理距离。我们一定要告诉孩子平时学会平易近人的处世态度，对他人一定要有礼貌与尊重，让他人感觉到你的可爱与可亲，才能给他人留下良好的交往印象。同时，我们更应该让孩子知道那些张狂跋扈的人是永远也交不到知心朋友的，并且其行为也不会得到他人的支持的。所以见了朋友要亲切地打招呼，要以谦和的态度相处，才能促成伙伴间长久的友谊与往来。

心理能量

苏格兰社会心理学家麦独孤说：“人际亲和是人的本能之一，是动物进化中的自然选择。”亲和力应该是我们经常表现出的一种交往能力，我们应多培养孩子的“亲和”表达能力，比如一个友好的微笑，一句贴心的问候，一个鼓励的眼神，都能表现出他是一个很可亲的人，从而使对方乐意与他交往。那么我们为何不利用“亲和效应”来培养孩子的情商，帮助他拓宽人际交往的渠道呢？

第3节 “阿伦森效应”：让孩子把握交往中的分寸

人际交往是一个社人交换的过程，想在这个过程中建立良好的维持方式就要得到对方的认同或喜欢，让对方觉得这种关系是值得的，是快乐的，这样双方的关系才可以深入发展。可是在交往的时候我们会发现同样一个意思的话题却往往因为表达的方式不同而产生了截然不同的效果。比如，同样是请求他人的一件事，有的人简单的几句话就能使对方欣然答应，而有的人好话说了一箩筐对方还是一口回绝，这就是说话的艺术。很多时候我们说的话并没有恶意，但却每每令对方误解而产生不愉快，使本来顺利的交往难以进行下去，这是为什么呢？其实出现这种情况的原因大多是我们说话的方式出了问题，才使我们与对方无法进行良好的沟通。为了培养孩子良好的交往能力，在与人沟通时一定要让孩子掌握好说话的方式与分寸，不要总认为“童言无忌”。交往时的口无遮拦或态度不慎都是交往的大忌，这样不但会让他人反感还会令我们自己难堪不已，甚至还会出现交往中断的局面。

美国社会心理学家阿伦森做过一个实验，他将一群人分成四个小组。第一组的人不管表现如何，给他们的评价始终是否定；第二组的人不管表现多差，评价始终是肯定；第三组的人不管表现如何，评价时总是先褒后贬；第四组的人不管表现怎样，评价时总是先贬后褒。最后实验的结果发现，第四组的人对评价表示最为满意；第二组的人对评价表示满意；第一组的人对评价表示不满意；第三组的人对评价表示极不满意。

从上面这个实验中我们可以看出，先否定后肯定的语言表达方式最能让对方接受，先抑后扬的表达方式能使人开心快乐；而先肯定后否定的语言表达让对方最难以接受，先扬后抑的表达方式使对方很是反感。这是为什么呢？因为人们在心理上都反感那些不断减少对自己奖励或赞扬的人与事；而打心底里喜欢那些对自己不断增加奖励或赞扬的人与事。这种心

理规律即是“阿伦森效应”，这个效应告诉我们，好与坏、喜与悲是经常发生相应转化的。同样的道理，当一个人说话、办事方法得当时就好办得多；若是失去分寸即使好办的事情也往往难以办妥。所以与人交往时我们应该时刻避免由于自己不当的表达方式及不恰当的语言而给他人带来痛苦或难堪，使交往产生不愉快的情况，即使年幼的孩子在交往上也应注意这一点。家长应该告诉孩子在交往中不能想说什么就说什么，或想怎么表达就怎么表达，因为这样是会很容易得罪小伙伴们的。

丫丫10岁了，是个活泼可爱的女孩，尤其是她那张小嘴巴非常厉害，说话像竹筒倒豆子似的噼里啪啦地不肯饶人。一天，舅舅带着7岁的小表弟来她家做客，丫丫说：“你们怎么这么早就过来了，吃午饭还早着呢。”“我们来早了，来早了。”舅舅说。“看你的鞋子那么脏，马上换掉。”丫丫厉声地对小表弟说。小表弟只好怯怯地走过去，马上将鞋子换了。

大家坐在沙发上看电视的时候，电视里出现了一个小丑人物，丫丫马上对小表弟说：“我看他丑得跟你差不多啦。”说完自己还“哈哈”地笑了起来，弄得小表弟满脸通红。一会儿电视里的一个人发脾气，丫丫又说：“舅舅，你看他发疯的样子多像你。”气得舅舅朝她直瞪眼睛，差一点就要离开。这时妈妈赶紧出来说好话，舅舅与小表弟才没有生气离开。

生活中像丫丫这样的孩子很多，他们大多都个性很直接，说话也不知道顾忌，尤其是那些特别调皮的孩子在与人互动时总是想说什么就说什么，也不管对方是什么人，往往直言不讳地将人给得罪了。有的孩子还喜欢作弄人，总是故意地将对方的缺点一口气都说出来，好让人家尴尬难堪。如上文中的丫丫，说话总喜欢直截了当，把一些该说或不该说的话都一股脑儿说出口，直接就犯了“阿伦森效应”中最不良的一面，一下子将对方彻底得罪了还不自知。试想她这样下去怎么与他人交往呢，长大以后又怎么拥有良好的人际关系呢？所以家长一定要重视孩子在这方面的交往问题，培养孩子恰当的讲话方式与得体的交往分寸。下列几点建议可供学习与参考。

1. 让孩子道歉。

如果孩子说话伤害了别人并且是故意的，就得让孩子为自己的不恰当言行道歉。要让他亲自说“对不起”以求得对方的原谅。如果孩子不知道该怎么做就要私下向孩子解释，让他知道对方听了他的话会有什么不愉快的感受，并告诉他以后不能再这样了。

2. 让孩子学会正确的说话方式。

正确的说话方式对孩子的交往能力非常重要，因为很多时候孩子想表达对他人的关心时结果却事与愿违，由于自己表达方式的不当而让对方产生了误解，从而引起很多的不愉快。家长应该教给孩子与人交谈的正确方法，以免孩子因为说话不当而影响交往的成功。

3. 让孩子体验一下被“奚落”的心情。

当孩子向你诉苦自己被别人“奚落”而心情很不好时，你就可以借机告诉他：“你心里很难受，是吧？那现在你也知道被人挑毛病是什么滋味了吧？想想你平时总是那么爱说人家的缺点，时间一长人家不反过来说你吗？”这样当孩子体验到被人批评后心里也很不愉快的情绪后，就会为自己口无遮拦或故意作弄他人的说话方式而后悔，往往就会收敛许多。

心理能量

我们在培养孩子的交往能力时，要注意让孩子学会避免“阿伦森效应”的发生。让孩子掌握说话的分寸与恰当表现的原则，否则等孩子将对方得罪了还不自知，这样的孩子怎么会拥有良好的人际关系呢?

第4节 “以貌取人心理”：交往中孩子以貌取人怎么办？

我国早有古训：人不可貌相，海水不可斗量。但人们“以貌取人”的心理现象却比比皆是，比如很多人看到外表帅气大方的男孩就认为他是个品格优秀的人，却没想过他很可能是个徒有其表的花花公子；看到那些打扮时髦的女孩，就认为她是个贪图物质和享乐的女孩，却没想到她也许是个易于接受新事物而追求上进的好女孩；到郊外游玩时看到美丽的花朵往往会走过去俯下身仔细地欣赏，而看到那些凋谢的花枝总是不屑一撇；看到整洁可爱的小孩，总想过去抱一抱；而看到那些脏兮兮的孩子，总是远远地走开……像这样的情形在生活中总是数不胜数。殊不知很多时候我们亲眼看到的也不一定是真实的。那些长相一般的人也许心肠不坏；而那些相貌堂堂的人也有可能是个伪君子。因此，我们培养孩子的交往能力时一定要重视这一点，告诉孩子待人接物切不要以貌取人。要知道人心叵测、难以估摸，“以貌取人”的交往方法往往是要吃亏的。

关于“以貌取人”的心理现象，有关心理学家曾做过一个实验。他们先选定了一些作者自己的文章及其本人的照片，而这些作者的文章水平却大不相同，有的水平高有的水平低；他们的照片也是有长得漂亮和不漂亮的。这些作者文章水平的高低与他们照片的漂亮程度也不是相对应的，也就是说漂亮作者的文章写作水平不一定就高，而不漂亮作者的文章写作水平未必就低。可是，当心理学家请了一批人来阅读这些作者的文章及观看了他们的照片之后却出现了一个共同的情况：这些阅读者一致认为水平高的文章是那些长得漂亮的作者所写的，而水平差的文章自然就是那些长得不漂亮的作者写的。根据这个现象，心理学家们发现：人们对容貌漂亮的人不但容易产生好感，还会给他们很高的评价。这个实验充分证明了人都喜欢“以貌取人”的心理特征。在人际交往中，特别是对不太熟悉的人进行评价时往往就会从一个人的相貌来判断其是否可信可靠，从而陷入一种

主观误区——“以貌取人”“以偏概全”的判断之中。所以我们一定要早些告诫孩子们：交往中切不可“以貌取人”或妄下结论；更不可凭着自己的感觉去交友、待人，以免误解他人或上当受骗！

小鹏10岁了，上小学四年级，平时学习成绩还算优秀，家庭条件也不错。可以说他是个非常幸福快乐的孩子，长这么大几乎还不知道什么是痛苦与难过呢。这天吃过午饭，他与自己最要好的同学小程一起走到学校的大门口。这时匆匆走过来一个其貌不扬，并且衣服上还有斑斑油迹的中年男士。这个人手里拿着一串钥匙，对小鹏的同学小程说：“程程，我将家里的钥匙给你，下午放学后你自己回家吧。我今天要加班到很晚。你姥姥生病了，你妈妈去照顾她，可能今天不回家了。”

“好的，爸爸，我能行的。”小程说。

“什么？你爸爸这么寒酸？像个垃圾工似的！”小鹏惊异地叫道。

“我爸爸哪儿像垃圾工啦，哪儿寒酸啦？”小程不满地问小鹏。

“衣服都穿成那样了还不寒酸呀？看样子你家里一定也很穷酸啦！”小鹏振振有词地说。

“你怎么这么说？真是岂有此理！我们从此一刀两断，再也不做什么好朋友啦！哼！”小程说完就气呼呼地走了。

其实小程的家庭条件还算可以。小程的爸爸之所以穿成那样是因为他是一位机械工程技术师，穿的是工作服。由于工作还没完成以及时间紧迫而没有换衣服，就急忙赶来学校给儿子小程送钥匙，没想到却被儿子的同学小鹏认为是“垃圾工”。可是小鹏也为自己的不恰当言行付出了代价，因为从此以后小程再也不理小鹏了。这时小鹏似乎才感觉到自己这种“以貌取人”的行为是多么的可怕。

从上面这个故事中我们可以看出，虽然美丽的外表很招人喜欢，但美丽的心灵比外貌更加重要。因为任何事物的价值都不是仅凭外表而定的，而且任何事物都有朝好或朝坏的方向变化的可能，我们一眼是看不透的，仅凭一些初步的了解来判断是不周的。因此，如果只是一味地以貌取人不仅会伤害他人，还会给自己带来无法弥补的损失，使我们误人或误己。

家长应该告诉孩子要做一个有涵养、有素质的人，不要被一些不良的风气或劣行所诱惑。平时要学会端正自己的思想，平衡心态，做到在任何时候及任何情况下都不要以貌取人，因为生活中有很多衣着简朴而很有修养的人，仅凭穿着来看人是行不通的。

心理能量

任何事物的价值都不是仅凭外表而定的，因此，我们看事物不能仅看表象，尤其是孩子，由于生活经验少，经常分不清事物的真相。我们一定要告诉孩子在待人接物时不能仅凭外表，不能以貌取人，以免自己上当受骗或伤害了他人；还要告诉孩子一定要将自己的目光放得长远些，做一个谦卑敦厚之人！

第5节 “从众心理”：交往中孩子人云亦云怎么办？

在日常生活中很多人都有从众心理，有这种心理的人通常自我意识淡薄，喜欢人云亦云。这样的人很多时候像墙头草似的，哪儿拉往哪倒，自己没有一点主见。于是常有一些人或商家利用人们这一常见的弱点，来达到自己牟利的目的。比如，一些产品的厂家借用广告或各类媒体来进行商品“炒作”以吸引大众的眼球。这时往往就会有很多没有主见的人不由自主地加进来，在无形中“顺从”了这种宣传效应；还有一部分人跟着“凑热闹”，而到了最后也就糊里糊涂地“随大流”了。由于人们这种盲目从众的心理状态，最后都难免会出现上当受骗的情况。可见“从众”行为不是什么好现象，尤其是发展到“盲从”情况时便形成了一种不健康的行为与心态。小孩子常常分不清事物的青红皂白，不知道什么该做，什么不该做。那么家长应该告诉孩子不论遇到什么情况都不要盲目从众，不可以人云亦云，以免受害了还不知道是怎么回事。

心理学家阿希曾做过一个实验，实验对象为6名大学生，并向他们说明实验的内容是研究“视觉”情况。但他却悄悄地让其中的5个人先到了实验室，并与他们串通好，让他们配合做假实验，然后让他们坐在安排好的地方。当第6个人来到时，前面的5个人已经坐在那里了，他只好挨着人家坐在第6个位置上，而且他一点也不知道只有他自己是真正的受试者，而其他5人只是陪伴。然后阿希要他们做一个关于“线段长度”的判断，他先拿出一张画有一条竖线的卡片让大家看了一下；接着又拿出一张画有3条线的卡片让大家看。由于这些线条的长短之间有很大的差异，于是这6个大学生都做出了正确的判断。但是在两次正确判断之后，先来实验室的那5个学生竟然不约而同地说出一个错误的答案。之后这样的判断共进行了18次，最后来到实验室的这个真正受试者开始迷惑了：究竟是自己看错了还是别人看错了呢？如果自己的判断是正确的，那他们5个人不可能都判断错误吧？在

犹豫了一阵子之后，他也不由自主地产生了“从众心理”，选择了与其他5个人相同的判断。

从上面这个实验我们可以看出在外界人群行为的影响下，一个人很容易在知觉、判断、认识上产生“随大流”意识，情不自禁地表现出符合社会舆论的行为方式，从而与多数人保持一致的言行而产生“盲目从众心理”。“从众”是源于一种无形的压力，迫使一些人违心地接受与自己的思想截然不同的行为。在生活中造成从众心理的原因有很多。比如，大街上有两个人因一点小事在争吵，这时一个人路过驻足观看，又一个人走来也停下观望，接着一个又一个的人都来观看，渐渐地人越来越多，最后连交通也堵塞了……而这些围观的人往往会忘了自己正要去办的事情，一心投入到人云亦云的行为之中，从而耽误了自己的正事。所以说，从众心理对人的影响也很大，有着很强的消极意识与拖延行为。尤其是孩子如果不及早教导，就会形成缺乏主见与独立的个性，处处都得跟别人学，别人怎样他也怎样。比如，别人学画画他就学画画，别人穿什么样的衣服他就穿什么样的衣服，别人喜欢什么他就喜欢什么……总之一切以别人为主，完全没有自己的思想与主意。那么试想，这样的孩子长大后他能干什么呢？又能做出什么样的事业呢？

一群喜鹊在山坡的大树上筑了巢，准备在这儿安家生活，不久就在巢里孵育了几只小喜鹊。从此，这些喜鹊们便天天过着辛勤的生活，一边寻找食物，一边抚育小喜鹊。在它们山坡附近的山洞里住着一些八哥鸟，这些八哥们总是巧嘴滑舌的，非常喜欢跟着别人说话，只要喜鹊一说什么，它们就紧跟着说什么，于是这片树林里整天吵吵闹闹的，不让人安静。

一天，一只老虎来到了它们这里，这只老虎可能是好几天没有吃到食物了，一来到就张开盆子似的大嘴高声吼叫起来。没想到这一吼非常厉害，直吼得山摇地动、狂风四起，附近的一些花草树木在狂风中剧烈地摇晃。这下喜鹊们的巢也随着树枝剧烈地摇动起来了，小喜鹊们在里面吓得瑟瑟发抖。这样一来老喜鹊们更害怕了，但一时也不知道怎么办好，于是它们相互商量：“怎么办，怎么办，老虎的吼叫太厉害了，太厉害了……”这时山洞里的八哥听到喜鹊们的叫声就从山洞里钻出来扯开嗓子

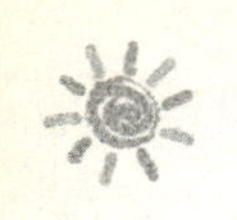

叫道："老虎太厉害了，太厉害了……"不料这次它们还没叫几声，就听到一阵"呼啦啦"的巨响，老虎朝它们那边扑了过去，那些没来得及逃走的八哥瞬间便成了虎口之食。原来喜鹊们在树上叫嚷时，老虎早就听到了，奈何它不会上树，所以它捉不到喜鹊。但由于八哥们住在山洞里，老虎一听到它们的叫声，就张开大嘴冲了过去，一下子就吞吃了好几只八哥。

上面小故事中的八哥鸟由于爱学别人说话，给自己招来了杀身之祸，真是可恨又可悲。然而在生活中有很多孩子也像八哥一样做事没有主见，处处向别人看齐，人家怎么做他就怎么做，也不管对或不对，更不考虑自己应不应该这样，不考虑后果如何，只管盲目地附和人家，从而惹出很多笑话或祸端。因此，家长一定要早些告诉孩子做事不可人云亦云、随波逐流，遇到事情一定要学会自己拿主意，学会独立思考。平时要多培养孩子明辨是非的能力，让他学会慎重考虑多数人的意见和做法。家长们平时最好能以身作则，在生活中给孩子做好榜样，以避开消极"从众"的一面。并且家长一定要经常告诉孩子在遇事和看待问题时要多进行思考和分析，学习和借鉴别人成功的经验，再根据自己的实际情况来决定自己的行动。如此经常言传身教，使孩子逐渐成为一个独立性强而不盲从的人。

心理能量

"从众心理"是一种不健康的心态，它总是让人变得糊涂而盲从，变得消极而没有主见。所以我们要告诉孩子不可人云亦云，要学会明辨是非，学会独立思考，以免受害了还不知道是怎么回事。

“互惠原理”：交往中孩子要不要学会互助互利？

生活在现代社会的每一个人，自从呱呱坠地就和自己周围的人产生了生活所必需的各种必然的联系，这也是生存所必须遵循的人生法则，更是生活中不可缺少的人际交往与生存互动。在这个交往之中互助互利则是当代人必备的才能之一，我们的孩子只有早些学会互助互利才可以更好地生活。比如，孩子学会了帮助别人，当他有困难时别人也会帮助他，告诉孩子这就是互助互利。可是现在的孩子们大多都缺乏互助互利的能力与思想，而且在他们身上几乎都有着不合群、自私自利等表现。尤其是独生子女在生活中更是缺少与他人充分交往的机会，在父母与其他长辈们过度的保护之下，他们只知道接受与索取，不懂得什么是团结、互助，更不明白什么是交往中的“互惠互利”。这样一来他们不但不能与伙伴及他人友好地相处，还缺乏应有的交往能力。因此，父母让孩子学会帮助他人，也是一件不可忽视的事情。

有一天，生活在水中的河蚌突然觉得自己赖以生存的河水与以往大不相同了。因为它周围的水质越来越浑浊不堪，并且还伴着一股强烈的臭味，令它有些喘不过气来，于是它只好经常浮上水面，让自己多透透气。谁知今天它一露出水面就看到从四面八方涌过来的垃圾、废品，铺天盖地一般马上就要将它包围了，这可该怎么办呢？眼看就有生命危险了……“河蚌，你在哪儿？你在哪儿？”突然有个声音在呼叫它。河蚌仔细一看，原来是自己祖先的仇家——鹬正在自己的头顶上空盘旋……“哼，这个坏家伙是不是想乘人之危呢？”河蚌心里想。因为自从“鹬蚌相争，渔翁得利”的事情发生以后，河蚌与鹬两大动物家族就成了互不相容的死对头。“河蚌快过来，快过来，我是来救你的！”这时鹬大声地说。“你……你要救我？”河蚌有点不相信自己的耳朵。“是的。不要再对

‘鹬蚌相争’念念不忘，现在我们来个‘鹬蚌相助’好不好？实话告诉你吧，我生活的地方也遭了殃，我居住的那一大片树林被一大群人砍光了，我也要离开这儿。所以你快点抱住我的腿，我带你离开，我们一起去寻找一个新的家园吧。”鹬说。“哦，好的。”这时河蚌离开水面，用力一跃抱住鹬长长的腿，它们一起离开了这个危险的地方。

从上面这个小故事我们可以看出，“鹬蚌相争”只能害人害己，使“渔翁得利”；而只有彼此相互帮助、友好相处、团结一致才能生活得更好、更快乐。在日常交往中更是这样，双方只有互助互利才能利人利己，才能成为好朋友。培养孩子良好的交往能力，就要让孩子了解“互惠”的作用。从心理学上讲，人人都有“互惠心理”，任何人在得到别人的好处后往往都会有回报对方的想法。因此，“互惠”是一种畅通而又盛行的交往理念，孩子只有掌握了它的规则，才能使自己在人际交往中畅通无阻。

明明是个聪明的孩子，自从上学以来成绩一直很好。但不知为什么上了小学六年级之后，他的数学成绩就开始不理想，特别是今天这次考试的成绩非常差。放学后他面对着卷子上三分之二的“×”，感到大脑一片迷惘，心里很是痛苦，不知道怎么做才好。同学们都走了，明明一个人还在苦苦地思考着做错的题目的答案。“明明，还在学习呀？”“哦。”明明回头一看是同学李蒙。“你这次的成绩不理想吧？要不今天你去我家吧，我给你讲讲这次考试题的计算方法，好吗？”李蒙说。李蒙的数学一向都学得很好，这次成绩又考了全班前三名，因此，明明心里很羡慕他。“那太好了呀！我正愁着这些题不知道怎么做呢！真是太谢谢你了啊！”明明说。“谢什么，跟我还用客气吗？前天我的车坏了，不是你载我回家的嘛！”李蒙说。原来放学后同学们都回家了，李蒙也收拾好课桌要离开时，突然看到明明一个人还趴在课桌上，一副闷闷不乐的样子，他知道明明这次的数学考试没考好，就决定过去帮助他。因为他觉得明明曾经帮助过自己，自己要还他这个人情，于是他就主动地要帮助明明解答难题。

在人与人之间的交往中，给予是一种责任，而偿还更是一种责任。当

别人碰到困难时我们应该去帮助他们，尤其是那些曾经帮助过我们的人，我们会打心眼里愿意去帮他解决困难。就像上文中的李蒙一样，由于接受过明明的帮助，所以当他看到明明有了困难就主动过去帮助他，这就是互帮互惠的最佳体现。让孩子学会互帮互助非常重要，这不仅可以加深孩子与他人之间的友谊，学会如何与他人更好地相处，同时也能让孩子明白帮助别人是一件很愉快的事情。

作为社会中的一员，帮助他人是我们的责任。我们应该告诉孩子助人为乐是一件无上光荣的事情。当孩子看到他人在自己的帮助下渡过了难关，他的心里也会有一种自豪感，因为他看到了自己人生的价值。因此，我们应该让孩子相信相互帮助并不难，有时候一个搀扶、一个举手之劳都可以让我们相互帮助、携手前行。我们一定要早些告诉孩子，一个聪明的人一定要学会团结友爱，与同学或朋友们相互帮助、相互学习，才能为自己开创更美好的未来。

心理能量

学会了互助互利人们才可以更好地生活，因此，为了孩子长大后能更好地生存与发展，我们一定要让孩子学会相互帮助、相互学习，而且还要让孩子知道互助互利是当代人必备的能力之一，作为社会中的一员，帮助他人也是我们应有的责任。

第四章

当孩子出现错误时——错误心理

法国作家罗曼·罗兰说：“人生应当做点错事，做错事就是长见识。”我们任何一个人的一生中都不可能不犯错，尤其是孩子的生理和心理发育还不成熟，所以常有说错话、做错事的情况，可以说他们是在大大小小的错误中成长起来的。如果家长不允许孩子犯错，那就是不允许孩子成长。古话说：“人非圣贤，孰能无过。”一个孩子从小到大不犯错误是不可能的。每个孩子多多少少都会犯错，大错小错、无心之错，等等。因此，孩子犯了错误没什么大不了的，关键是大人的处理方法。对此，美国教育家珍妮·艾里姆说：“孩子的身上存在缺点并不可怕，可怕的是作为孩子人生领路人的父母缺乏正确的家教观念和教子方法。”孩子犯错后需要家长积极且正确的引导以及耐心无误的指教，家长最好还能做出很有分寸的批评与教育，从而给孩子指出正确的方法与做事态度。只有这样，才能真正有助于孩子在学习与改正中不断地成长。

第1节 “瀑布心理效应”：指出孩子的错误时不应该粗暴

俗话说：“人非圣贤，孰能无过。”在生活中谁能不犯错呢？尤其是孩子，在成长过程中是不可能不犯错误的，再说在孩子的世界里没有那么多规矩，很多时候他们犯错误都是无心的，他们也不知道哪些行为与做法是应该的，哪些行为与做法又是不该的，因此，他们常常会比成人多犯一些错误。孩子犯错了往往不知道该怎么办，这时就需要家长的正确引导、耐心指教，以及有分寸的批评与教育，这样才有助于孩子学会选择、学会放弃并分清是非，使他们在学习与改正中不断地完善与成长。如果孩子犯了错，家长立刻暴跳如雷，对孩子不问青红皂白地指责或体罚，就会使孩子产生逆反心理，甚至形成怪僻的性格。这样就应了心理学上的“瀑布心理效应”，使孩子产生严重的消极情绪。

所谓“瀑布心理效应”，就是指信息发出者的心里是比较平静的，但信息接收者的心里却会因此引起极不平静的情绪。也就是说某人随便说的一句话，却弄得对方心里十分不舒服，从而导致其态度行为的巨大变化等，那么这句话就有点“一石激起千层浪”的意味。于是这种心理效应现象就像山头的瀑布一样，在刚发出的上游还是缓缓流动的，而到了下游遇到峡谷时则一泻千里。其实，“瀑布心理效应”就像中国的一句古话“说者无心，听者有意”，明明一句无心的话，却深深地伤到了别人。我们教育孩子也是同样的道理，如果我们经常对孩子出言不慎，一些过分的话随口而出，往往就会伤了孩子的自尊心或是摧残了孩子幼小的心灵。

孩子犯了错以后，他内心本来就很害怕，非常担心自己会受骂或挨打。如果这时家长不问缘由就对孩子一顿数落，就很容易使孩子心生恐惧，并且还会对家长感到失望，觉得满心委屈或怨恨，觉得父母太不讲理了，一点都不理解和宽容自己，这样时间长了就容易使孩子的心理扭曲，进而产生不良的后果。因此，有爱心的家长要用温和的态度对待犯错的孩

子，指出孩子的错误时要心平气和，告诉他怎么不对了以及应该怎么改正，这样才能起到教育的作用。

星期天，10岁的东东与两个小伙伴在院子里踢球，正当他们玩得高兴的时候，东东猛地飞起一脚，足球一下子被踢得很高，只听“砰”的一声砸在了窗户上，窗户上的玻璃随着“哗啦”的一阵响全碎了。正在屋里看电视的老爸听到声音马上跑了出来，当他看到发生的情景后立刻火冒三丈，暴跳如雷地对三个孩子说：“你们怎么搞的？眼睛长到脑袋后面去啦？我早就说了你们不要在院子里踢球，你们就是不长耳朵，现在将窗户砸坏了，看我怎么揍你们。”说完就拿了一个扫帚追赶着打东东。本来准备向爸爸道歉的东东被这么一顿数落与追打，觉得满心的委屈，眼泪吧嗒吧嗒地往下掉，更让他难过的是：当着两个伙伴的面，爸爸对待自己如此不近人情，一点面子也不给，以后让自己怎么有脸跟他们一块玩？从此以后东东对爸爸非常失望甚至心怀怨恨，不论爸爸说什么他听都不听了，有时爸爸对他好他也不领情，更别说放在心上了。

孩子虽小也需要尊重，因为他们也有自尊心，也要面子。尤其是对于个性强的孩子，粗暴地责骂或训斥往往会使其产生强烈的逆反心理。当孩子做错事时，他也可能处于悔恨之中，会责备自己，会感到后悔和惭愧。这时家长最好不要严厉地指责孩子而要平静地指出孩子的错误，并心平气和地启发孩子，这样往往他很快就会理解家长的意思，从而接受批评，自尊心也不会受到伤害。其实每一个孩子都是不想犯错误的好孩子，很多时候他们做错事都是无心之过。即使他不小心犯了错也没有什么大不了的，往往是大人夸大了孩子的错误，让孩子无辜地受到很多责骂，这是非常不理智的。父母在批评孩子时应该把孩子犯的错误当成一件平常的事情来对待，不要表现得大惊小怪，应对他们犯错误表示理解。态度一定要温和，而不是厉声呵斥，恐吓孩子；孩子哪里做得不好应和气地指出来。这样一方面可以缓解孩子因犯错误带来的心理压力，另一方面也可以让自己对孩子有一个正确全面的认识。比如，像上面这个例子，就算孩子踢球时砸碎了玻璃，也没有必要对孩子进行那么大的侮辱与威胁。要知道东东与

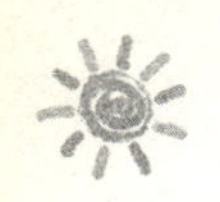

伙伴们踢球打碎玻璃并不是故意的，并且东东也因为这件事情而产生了内疚感。这时如果爸爸能平心静气地对他说："在院子里踢球一定要特别小心了，要看好哪个地方没有其他物品再往哪儿踢。现在砸到玻璃是小事，要是砸到人了多危险呀。所以你们玩耍时一定要记得注意自己和别人的安全，这次就不多说你们了。下次可一定要注意哦。"想必这样一来孩子不仅能知道自己是怎么错了，还会把爸爸的教导牢记在心。

有个叫史蒂芬·葛雷的孩子，有一次他想从冰箱里拿出一瓶牛奶，但一不小心将奶瓶打翻在地上了，牛奶洒了一地板，瓶子也打碎了。怎么办呢？他心里害怕极了。这时妈妈闻声赶来看到这情景后不但没有责怪他反而打趣说："哦，我还不知道地板也会喝牛奶呢？你想不想在这满地的牛奶中玩一会儿？我看这样吧：我们用海绵、毛巾或是拖把将它们'玩'得干干净净好吗？"尽管葛雷对妈妈的态度表示很愕然，但他的心里却不再害怕了，因为他已经被妈妈的逗趣打动了。他拿了一块海绵和妈妈有说有笑地在地板上擦拭牛奶，他们一边擦拭一边沉浸在快乐的情绪中，完全把清理牛奶当成了玩耍，只一会儿就把地板上的牛奶打扫干净了。之后妈妈说："好了，宝贝，你真是个勤快的孩子。现在让我们来学学如何用两只小手拿大牛奶瓶好吗？"葛雷高兴地点点头，妈妈就耐心地一边示范，一边指导他如何小心翼翼地将一大瓶牛奶捧在手里，而聪明的葛雷很快就学会了。当他拿着牛奶瓶满屋子跑时心里充满了成就感，这时他似乎明白犯了错误没有必要害怕，因为错误是学习新东西最好的机会。长大以后的史蒂芬·葛雷在医学领域成了一位很有名气的科学家，当记者采访他是什么因素让他超乎常人？他回答说这与自己小时候母亲对他的教育有关，并告诉了记者自己小时候打碎牛奶瓶的事情。

在这里我们不能不说史蒂芬·葛雷的妈妈做得很好，她非常了解孩子犯错时的心理情况，知道这时孩子会非常内疚和不安，如果这时再来严厉地教训和责怪他，难免会伤害孩子稚嫩的心灵，导致孩子以后做什么都缩手缩脚甚至背上精神负担。对一个孩子来说，由于缺乏生活知识和经验造成一些过失是在所难免的。面对孩子的过错，家长冷静地对待，合理地指

出弥补过失的方法，才能让孩子从过失中增长见识而受用终生。

许多时候孩子并不是故意做错事情的，而且他们心里也想对父母解释或说对不起。这时如果父母严厉指责，不给孩子解释的机会，那么久而久之，孩子和父母的心理距离只会越来越远。所以家长不论有多生气都必须压住心头想要爆发的怒火，因为我们的责任就是当孩子做得不对或犯错误时及时给予提醒，制止他们错误的行为，引导孩子认识错误、改正错误。当孩子犯错了我们首先要冷静，先弄明白整件事的来龙去脉，了解孩子为什么犯错，犯了什么错以及错到了什么程度，最后再做出合理的决定。这时要让孩子感受到我们的爱而不是抱怨，只有在父母完全的爱里孩子才更容易敞开心扉告诉我们事情的原因与经过，我们才好引导孩子去发现自己的错误；同时父母应心平气和地告诉他们怎么不对了，应该如何改正，如何做才能避免错误发生等，如此孩子才会高兴地接受我们的意见。

心理能量

当孩子做错事时，可能他心里也处于悔恨之中，会感到后悔和羞愧。这时家长不可以严厉地指责孩子而要平静地指出孩子的错误，并温和地告诉他如何改正。这样孩子很快就会理解家长的意思，从而接受批评而自尊心也不会受到伤害。

第2节 “南风效应”：只有宽容，才能让孩子更好地成长

法国作家罗曼·罗兰说：“人生应当做点错事，做错事就是长见识。”我们不论做什么事情都有犯错的可能，没有谁一出手就能百分之百取得成功，更没有谁一辈子不犯错误。尤其是孩子，他们是在大大小小的错误中成长起来的，如果我们不允许孩子犯错，那就是不允许孩子成长。但是生活中确实有很多父母或家长见不得自己的孩子犯错，孩子只要有一丁点的错误就会大发雷霆，动辄责骂或拳脚相加等，使孩子觉得一出错就好像大难临头了。这样一来孩子便宁死不肯承认自己的不对而把全部的过错都推给别人。很多时候孩子在外面犯了错回家都不敢向大人交代，因为怕受到严厉的对待，结果孩子就学会了“报喜不报忧”，为了眼前过关，小小年纪便学会了撒谎或蒙骗。这样我们还如何指望孩子有责任心呢？还怎能指望一个长期在蒙骗中长大的孩子成为有用之才呢？我们不妨学习一下心理学的“南风效应”，对待孩子的行为不要一味地“刮北风”，只有“南风”才能温暖孩子的心，只有宽容才能让孩子更好地成长。

法国作家拉·封丹曾写过这样一则寓言：北风要和南风比一比谁更厉害，谁能把行人身上的大衣脱掉。北风先展示自己的威力，只见它张开大嘴呼呼地吹起来，不大一会儿就冷风呼啸、寒冷刺骨。为了抵御北风带来的寒冷，路上的行人都赶紧把身上的大衣裹得紧紧的。北风展示之后就该南风了，只见南风微微张嘴缓缓吹动，使天空慢慢变得风和日丽，这时行人觉得天气温暖如春，于是纷纷解开纽扣，脱掉身上的大衣。就这样南风获得了胜利，这就是“南风效应”。“南风效应”也称“温暖效应”，从这个效应中我们可以得知，想要达到被别人接纳的目的就要顺应他人的内在需要，而不是用恐吓与强迫的方式来使他人就范。家庭教育也是如此，实行温情教育法，“南风”式的表扬往往能使孩子受启发从而进行自我反省；如果采用“北风”式的教育则往往会使孩子产生逆反心理而令事情更

难解决。孩子毕竟是孩子，他们能有什么样的错误是我们不可以原谅的呢？家长只有原谅孩子、宽容孩子的过错，培养孩子自觉向上的个性才能达到事半功倍的教育效果。

台湾女作家三毛一生中写了《倾城》《梦里花落知多少》《雨季不再来》《撒哈拉的故事》等作品而著称于当代，但令人遗憾的是，满腹才学的她却因为抑郁而英年早逝。可是小时候的三毛却是一个勇敢活泼的女孩，从小就喜欢写作文和体育活动而不喜欢学数学，12岁时她以优异的成绩考入了当地的重点中学。然而正当她满怀热情在中学里努力求知时，一个偶然的事件严重地影响了她的一生。由于她不喜欢学数学，数学成绩当然不怎么好，这样一来虽然别的老师都很喜欢她，但数学老师对她却非常不满。一天，数学老师让三毛单独去了他的办公室，交给她一张难度很大的数学卷子，并要求她在十分钟之内完成。这对一向数学学得很差的三毛来说无疑难以过关，再加上心情紧张与害怕，结果她一道题也没有做对，卷子得了零分。对此，数学老师非常不悦，叫三毛回到教室后站在讲台上，当着全班同学的面对她进行刻薄的嘲讽与羞辱。老师最后又恶毒地说：“既然你爱吃鸭蛋，我就送给你两个大鸭蛋。”说完竟然用毛笔在三毛的眼睛周围画了两个大圆圈，但由于墨汁太多了一下子流到三毛的嘴巴上，三毛黑乎乎的样子让全班同学都哄堂大笑，她羞得无地自容。这使三毛幼小的心灵受到了莫大刺激，从此不敢再去学校，也深深地陷入了精神受辱的阴影之中，久久不能释怀的她渐渐地患上了严重的自闭症。在这种心理疾病的折磨下她把自己严密地封闭起来，害怕见到任何人。后来这种精神状态竟然长达七年之久，而这种长期抑郁的心理最终成了她走向自杀之路的隐患。

上面这个故事告诉我们：没有什么人是不可以原谅的，更没有什么错误是不可以改正的，我们需要的是一颗懂得宽容的心而不是一味地指责与惩罚。每个人都有很强的自尊心，孩子也一样，而且孩子幼小的心灵需要我们更多的保护与引导，而不是刁难与惩罚。如果三毛的数学老师能够多一分宽容之心，能够用和蔼的方式引导或教导三毛，想必少女时期的三毛

也一定会像其他的孩子一样健康快乐地生活，而不会产生心理疾病，过早地放弃自己的生命。孩子的错误需要宽容，孩子的心灵需要呵护，孩子的成长需要引导。我们只有善待孩子，孩子才可能更好地成长。

雨果说：“比大海更宽广的是天空，比天空更宽广的是人的心灵。”宽容是一种境界，宽容是一剂良药，我们只有怀有一颗宽容的心才可以避免苦难与悲伤过多地发生。天下的家长们都应该学会宽容，学会给予孩子自由地犯错误的权利与正确改正的机会，还要学会用冷静的态度去听孩子心中的想法，并给孩子解释的机会，从而学会用全面、发展的眼光去看待孩子并帮助孩子找出错误的原因，教给他改正的方法与技巧才能使孩子健康地成长。

发展心理学家认为，孩子可以通过“心理反刍”的过程，找到一些突发事件或糟糕情况较为合适的应对方法。他们说孩子小时候就像一盘录像带，对自己所有的情绪与行为都需要预演一番，并从中体验哪些是自己所适用的或喜欢的就留下适当的印痕，而这些印痕便是他们以后成长路上可利用的资源。所以小时候犯一些错误，通过错误的行为或解决的方法来认知某些事物或行为与外界或他人的关系便是孩子们的成长方式。当孩子在尝试过程中犯了错误时，父母不可以过于责备，而应鼓励孩子再次尝试。比如，当孩子主动帮忙做家务时却因为不小心而打碎了茶杯，这时就不可以指责，而应耐心地指导孩子怎样把茶杯洗干净又不摔破就可以了，这样孩子才可以在尝试中获得成长。

周末这天小琼一改往日的活泼，一个人闷在房间里发呆。妈妈对此也没太在意，因为平时这丫头实在是太淘气了，每天不疯玩到天黑都不知道回家，为此妈妈没少教训她，今天她可是难得地乖一回。可是没多大一会儿，小琼的同学小萌来找她，一进门就不高兴地说：“小琼，什么时候把订书机还给我呀？我还得用呢。”什么？这孩子竟然拿人家小萌的订书机不给人家？妈妈听后不解地说：“小琼，你怎么拿人家小萌的订书机？快点给人家吧。”“嗯。可是……可是，那我就没有订书机用了。”小琼小声地说。“怎么回事，你的订书机呢？你不会用自己的吗？”妈妈厉声说。“我的，我的……”小琼唯唯诺诺不敢说下去。“阿姨，你还不知道

吧？小琼的订书机丢了，她这两天都是用我的。”小萌说。“什么？你这个疯丫头，居然把订书机弄丢了，看我不打死你！”妈妈说着就顺手在房间里拿起扫帚，向小琼头上打去。吓得小琼一边哭泣，一边用双手抱着头。原来前两天放学后小琼挎着书包来到小区门口，看到几个孩子在玩跳皮筋游戏就将书包丢在一边，没想到订书机从书包里滑出来了，但她也没顾上看就急忙跟小伙伴一块去玩了。玩到天快黑时也没有仔细看就拎起书包回家了，结果将订书机落在那里了，后来不知被谁捡去了。第二天到了学校小琼才发现订书机没有了，于是就借了同桌小萌的订书机用。由于妈妈一向都很凶，稍有点错就对小琼大打出手，小琼害怕自己挨打挨骂，这事就不敢再跟妈妈说了。

为什么孩子犯错不敢跟大人讲？这不能不说与我们平时的教育方式有关。因为我们平时不容许孩子犯错，在我们的观念里只有中规中矩的才是乖孩子，而那些犯错、不听话的好像都不是好孩子，所以孩子一犯错就会受到重重的惩罚。这样一来孩子在外面犯了错之后回家当然都不敢跟我们讲了，就像上面的小琼一样，妈妈平时对她的管教太严厉了，不允许小琼出任何差错，所以丢了订书机之后小琼才会想方设法地去掩盖。由此可以看出，如果我们过分严厉地要求孩子做到正确无误，一点也不能偏离我们的规范，那么孩子在错误面前就会成为惊弓之鸟，事事恐慌。孩子由于内心的恐惧自然会闭口不谈自己的过失，即使受到严厉惩罚也不想让家长知道发生过什么。因此，当孩子犯了错我们不妨宽容孩子，让孩子有信心与勇气告诉我们他做了什么，这样我们才可以更好地教育他，并帮他改正过来。

其实我们教育孩子的最终目的就是帮助孩子改正错误，让他明白正确的做法与行为，而不是单纯地为惩罚而惩罚。孩子在从小到大的成长过程中犯些小错误也是在所难免的。只有在宽容的过程中，孩子才会自己从错误中获得经验和教训。因此，父母要学会容忍孩子的缺点，还要学会用客观、理智的眼光去看待孩子的所作所为，并且要科学地处理孩子在日常生活中出现的各种问题，这样往往比简单粗暴的呵斥更有效果。教育孩子就像“南风效应”，我们一定要知道南风比北风更容易让人接受，而宽容也

比处罚更有效。所以作为父母的我们不要再扮演“北风”的角色，因为我们“恨铁不成钢”的指责只会深深地伤害孩子幼小的心灵，使他们不敢向我们敞开心扉。如果我们能用温暖的“南风”逐步吹掉孩子那厚厚的“外套”，让和煦的“风”打开他们的心门，就可以把孩子从畏惧错误的阴影中拽出来，使孩子领悟到正确的行为与方法，从而健康快乐地成长。

心理能量

没有什么人是不可以原谅的，更没有什么过错是不可以改正的。家长应该知道孩子本身就有犯错误的权利，我们应该给予孩子改正错误的机会。当孩子犯错之后，我们应冷静地听听孩子内心的想法，并容许他为自己解释，然后要用全面、发展的眼光去看待孩子，教给他改正的方法与技巧，以使孩子健康地成长。

“犯错误效应”：让孩子在认识错误的过程中获得新知

孩子由于年龄小常常会说错话、做错事，特别是一些个性强的孩子总是非常顽皮，喜欢打闹，甚至有时还会把身上穿的衣服弄破，把家里的家具等物品拆得乱七八糟……这些行为都是由于孩子与成人不同的心理特点造成的，而孩子对于自己的这些特点是全然不知的。因此，家长不应该过多地责备孩子或逼孩子立刻承认自己的错误，而应该给予正确而具体的纠正或指导。家长可以从孩子的年龄、认知、犯错原因等入手，看孩子究竟错在哪里，再让孩子从错误中认识哪些是不该犯的错误；不论孩子的犯错行为是有意的还是无心的，家长都应该以恰当的方式进行耐心引导，让孩子认识到不对之处。例如，孩子故意把椅子弄坏了，那么吃饭时就毫不留情地让他站着，好让他感受自己的行为所带来的劳累之苦；如果孩子在天冷时一定要穿那件好看但却不保暖的衣服，那就让他穿，结果由于天太冷了而受冻，这样孩子以后就会知道冷天要穿多一些衣服才不会冷。如此在感受错误与不断改正的过程中，孩子可以不断地丰富自己的生活经验，当他一次又一次地战胜了错误之后，也自然从中学到不少生活的技能与本领。

社会心理学家阿伦森曾做过这样一个实验：四位选手参加了一个演讲会，其中两位选手才能平庸，而另两位选手却才能出众。在演讲的过程中，才能平庸的选手中有一位在台上演讲时，一不小心就打翻了台上的一杯咖啡，显得很尴尬；而才能出众的选手中也有一位在演讲时打翻了咖啡，在台上也显得很尴尬。这时阿伦森在台下听演讲的观众中做了一个“吸引力”调查，结果发现那位才能平庸又打翻咖啡的选手吸引力最低，才能出众而未打翻咖啡的选手吸引力居第二，而那位才能出众又打翻了咖啡的选手吸引力则最高。

从这个实验中我们可以明显看出那些没有一丝缺点、过于完美优秀的

人往往会令人敬而远之；而那些虽然很优秀却偶尔犯小错误的人才最受人们青睐。由此可见，一些小的错误有时候反而会使有才能的人更具吸引力，这就是“犯错误效应”，也叫“白璧微瑕效应”，它说明了有点小瑕疵往往比洁白无瑕更令人喜爱。在生活中我们教育孩子时也是如此，如果允许孩子适度地犯些小错误反而会使他显得可爱一些，从而令他产生积极的念头。从认识错误到承认错误中间有一个很长的感受过程，在感受的过程中孩子往往能够顿悟或获得新知，就连思想也会得到锤炼，这会使他产生积极的思想与愿望，从而学会辨别对与错。

我国著名教育家陶行知先生曾担任一所小学的校长，在职期间他对学生的教育有着自己独特的方法。有一天他看到一个男孩子不断地用一些小泥块砸班上的其他同学，他上前制止了他，并要他放学后到校长办公室去。这位男孩子觉得自己得罪了校长一定要倒霉了，于是一放学他就去校长办公室准备挨一顿教训。但是令他诧异的是，陶先生并没有责备他，而是掏出一块糖果送给他，说：“这是奖给你的，因为你按时来到这里。”男孩子惊讶地张大嘴巴，没有说出话来。陶先生接着又掏出一块糖果给他，并对他说：“这块糖果也是奖给你的，因为你很尊重我。当我不让你再打人时，你立即就住手了，而且很听话地来到我这里。”陶先生又掏出第三块糖果塞到他手里，并且说：“我调查过了，你是个正直而善良的孩子。你砸的都是一些不守游戏规则的，并且经常欺负女孩子的学生，这说明你有跟坏人作斗争的勇气，所以我该奖励你。”这下男孩子心里感动极了，他内疚地流下了眼泪，哽咽着说：“陶校长，你别说了，我知道是我错了。你就狠狠地处罚我吧。”这时陶先生满意地笑了，他更加和蔼地说：“你能正确地认识自己的错误非常好，我再把最后一块糖果奖励给你吧。现在我的糖奖励完了，我看我们的谈话也该结束了。”就这样，男孩子揣着糖果回班级了。此后他学习认真、表现良好，再也没有在学校发生过打架的事情。

让孩子在真实的错误感受中认识到自己的不对之处，这种方法可能比大人反复及无情的责骂更有效，上文中陶行知先生就是这样教育他的学生

的。因为孩子是在不断的生活感受与成长体验中慢慢长大的，而不是在说教与斥责中长大的。一味地责备只能让他产生反感或敌对心理，而善意的提醒或指导则会令孩子认识到自己的不足从而接受家长的意见。

孩子有时不一定能听明白我们对他讲的那些道理，因此，当孩子犯了错误后我们首要的教育方法应是让孩子自觉地认识错误。可能很多家长都经历过越是制止孩子的某些不对的行为，孩子越不听的情况，并且往往还会更加肆无忌惮地与家长作对。这时怎么办呢？最好的方法就是让孩子自己感受自己的不对。比如，当孩子故意或不知道保护而打破了他所用的东西时，这时家长就不要急着给予添补，应让他自己感受到对被打破之物的需要而着急；当孩子打破了自己房间的玻璃窗后不要立刻给他换新玻璃窗，让寒风吹他两天，让他好好体验一下打破玻璃的后果。如此孩子往往就能认识到自己的不对，下次就会小心一点。

豆豆很喜欢小金鱼，于是爸爸妈妈就买了几条放在鱼缸里，让她亲自喂养。但是她总是在喂养时将手伸进鱼缸，把那些小金鱼一条一条地拿出来玩，爸爸妈妈看到后很生气，就告诉她小金鱼只能养在水里，是不能拿出来玩的，不然它们就会死掉。但豆豆对爸爸妈妈的话根本听不进去，她见自己拿出来的小金鱼并没有马上死掉而是活得好好的，就更加我行我素，每天放了学就摆弄那些小金鱼。没想到，还不到两周，鱼缸里的金鱼因为经常被豆豆拿出来玩，全部死翘翘了。这时爸爸妈妈没有立即批评豆豆，更没有立即再给她重新买些小金鱼，而是决定让她自己认识到自己的错误。于是一连好几天，爸爸妈妈都不提小金鱼的事。这样豆豆每天放学回家只能看到一个空空的鱼缸，觉得非常无趣。如此没过几天，豆豆受不了了，她对爸爸妈妈说："我知道你们为什么不买新的金鱼，是因为我经常把金鱼捞出来玩而把它们弄死了，是吧？""没错。金鱼是要养在水里的，不可以经常捞出来玩的。与其让你将它们弄死，还不如不买回家里来。"爸爸妈妈有点严肃地说。"嗯。我知道错了，对不起哦。爸爸妈妈你们再去买几条金鱼吧，我保证再也不把它们捞出来玩了。"豆豆央求地说。"好吧，明天周末，我们一起去买金鱼。"爸爸妈妈看到豆豆认识到自己的错误了，非常高兴，第二天就带着她一起去买了几条金鱼。从此以

后豆豆都是好好照顾她的小金鱼，再也不把它们捞出来玩了。

一般家长在孩子犯错的时候总是希望他立刻承认错误，但这样的方法或许是不正确的，要知道不论孩子是有意犯错还是无心犯错，都应该从错误中认识错误，这样才能对孩子起到引导的作用。我们只有让孩子在感受错误的过程中认识到自己的不对，才能让孩子明白他自己的言行是不合理的，也才能让孩子产生认错的态度和日后正确做事的方法。让孩子感受错误，对孩子的成长有很多好处，具体有以下几点：

1. 锤炼孩子的受挫力。

在感受由于自己所犯的过错而带来的损失时，孩子的内心往往会经过一次自我反省的洗礼，思想会在内疚中得到不断的历练。这对孩子来说将是一个很有意义的锤炼过程，使他的受挫折能力不断加强。

2. 让孩子获得新知。

品尝错误的后果，感受过失的结局，对于正在成长的孩子们来说，无疑是一种难能可贵的人生体验。因为成长本身就是一个犯错与改错的过程，而孩子只能在知错改过的经验中不断地去成长、去进步。因此，每一次犯错都是孩子获得新知的机会，只要我们引导有方，孩子就会在一点一滴的过失中不断地掌握各种知识。

3. 让孩子明白物品坏了是一大损失。

当孩子将某一物品弄坏时，不要立刻给他买新的。比如，当孩子不爱惜自己的文具盒，总是将它摔来摔去，摔坏了的时候，可以不责骂他，但也不马上给他买新的文具盒。这时他就会因为没有文具盒存放文具而感到不安，从而想到自己不应该将文具盒摔坏。此后再用新文具盒时，他就会爱惜一些。

4. 提高孩子的责任感。

通过孩子的一些过失，可以提高孩子的责任感与担当能力。当孩子不听你劝告一意孤行而犯了错误时，可以让他自己去承担后果。比如，在公园里孩子不听你的劝说，非要用脚去踩踏花草，结果被公园里的管理人员看到要求罚款时，你不必为他出面说情，也不必为他交罚款，而让孩子自己去承受人家的惩罚。可以让他用自己的零花钱去交罚款，让他一个人去

面对人家的教训。这样往往可以有效地培养孩子的责任感，还可以加强他的自律能力。

5. 让孩子获得成长的快乐感。

当孩子通过自己的努力找到纠正错误的方法或答案之后，这时他就会为自己的进步而高兴，并会产生一种改过自新的快乐感，这是通过别的方式都无法获得的感觉。而这种感觉就是孩子成长的驱动力，也是他向成熟人生迈进的阶梯。因此，让孩子自己感受错误，自己认识不足之处，对孩子的正确成长非常重要。

心理能量

孩子犯错的时候，我们总是希望他立刻承认错误，但这样往往只能让他产生反感或敌对心理，这时如果我们采用善意的提醒或指导或许能令孩子认识到自己的不足之处，从而乐意接受我们的意见。因此，不论孩子是怎么犯错的，家长都应该以恰当的方式进行耐心的指教，让孩子认识自己的错误，这样往往能取得更好的教育效果。

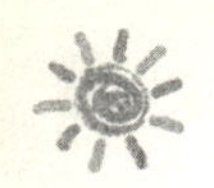

第4节 “自然惩罚法则”：培养孩子的责任心

微软董事长比尔·盖茨曾对他的员工说：“人可以不伟大，但不可以没有责任心。”每个人都应该具备责任心，不但要对自己负责，还应对社会负责，对家庭负责，对自己身边的每一个人负责。责任与生命同在，因此，我们从小就培养孩子的责任心非常重要。我们不用一直担心孩子犯错，而应该多关心孩子敢不敢面对自己所犯的错误，敢不敢对自己的过失负责任。但是在生活中有很多父母常常喜欢为孩子的错误承担后果，使孩子“逍遥法外”，替孩子把所有的责任推开。殊不知这样却使孩子逃避了自己犯下的过失，使他觉得做错了事情也没关系，有父母为自己扛着，这样久而久之孩子就会成为一个推卸责任、不负责任的人。这样的孩子长大后怎么会有担当，又怎么能承担得起重任呢？所以父母应该让孩子自己去承担他所犯的错误的后果，不要事事为孩子承担。孩子做错了事情要告诉他要自己勇敢地去面对，犯错的时候要让孩子对自己的过失负责，这就是“自然惩罚法则”。

所谓自然惩罚法则就是给他犯错的机会，让他试一试。比如，孩子一定要穿那件漂亮但又太单薄的衣服，那就尽管让他穿，他穿了以后必定会因为“太冷了”而品尝到受冻的滋味。这是8世纪时法国教育家卢梭先生提出的教育法则，他认为：儿童所受到的惩罚，应是他的过失所导致的自然结果。只有这样才能让孩子进行自我反省，学会从反思中弥补过失，并且学会如何纠正自己犯下的错误。其实这条法则的关键就是让孩子体会到自作自受的惩罚，再从惩罚中体验犯错的痛苦，以至于以后长记性，不再犯类似的错误，所以法则的目的就是令孩子吸取深刻的教训。“自然惩罚法则”的出现是世界教育史上的一个里程碑。卢梭告诉我们：孩子犯错后，不应一味地指责，而是让他自己承担后果，比如他打破了东西之后，先不要急着添补，可以让他慢慢感受一下东西损坏后的生活损失。这样可以强

化孩子的痛苦体验，使其在心理上受到惩罚。只有如此孩子才能很好地改正错误，潜藏的责任心才能被激发出来。

美国国父华盛顿小时候是个很勇敢的孩子，也是个敢于对自己的行为负责的人。一天，父亲送给他一把小巧玲珑、锋利无比的小斧头，他非常喜欢！他想："小斧头是不是真的很锋利呢？"他看到家里的花园里有一棵小樱桃树，"对，在这棵樱桃树上试一下不就知道了？"于是他高兴地跑过去，举起小斧头向樱桃树砍去，一下，两下……啊，小斧头果然很锋利，只片刻的功夫，樱桃树就被他砍倒在地上了。这令他非常高兴，就拿着自己心爱的小斧头去玩耍了。可是当父亲从外面回来后就不得了了，因为这棵樱桃树是他花大价钱从英国买回来的，当他得知樱桃树被砍掉之后，就大发雷霆，声称要严厉处罚砍树的人。这时家里所有的人都缄口不言、胆战心惊的，没有一个人敢吱一声。这时小华盛顿看着父亲很生气的样子，心里很害怕，怕他会严厉处罚自己。但是如果自己不承认，父亲就有可能指责其他人。如果自己做错的事让别人承受，就太不应该了。想到这里华盛顿鼓起勇气，坦然地走到父亲面前说："樱桃树是我砍的，你处罚我吧。其实，我只是想试试您送我的斧头是不是很锋利。"这时家里人都为华盛顿捏一把汗，哪知老华盛顿见小华盛顿如此诚实、有责任心，不但没有处罚他反而高兴地将他抱起来，还大声地称赞："好孩子！你的行动比一千棵樱桃树都意义深远啊！"从此以后年纪小小的华盛顿就严于律己，一直以强烈的责任感来约束自己，力争让自己做一个敢作敢为及道德高尚的人。他长大后不但成为美国第一任总统，还为国家与人民做出了巨大的贡献。

如果一个人的责任心总是"沉睡"着，那么这个人就很容易缺乏负责的精神。好孩子不仅要勇敢地做正确的事，做错了事也要勇敢地面对，为自己的行为负责。因此，面对孩子犯错，家长应告诉孩子要主动承担后果，这样才会促使孩子学会自我反省，并培养起责任心。这大概也是"变坏事为好事"的一种实践，可以杜绝孩子今后再犯类似的错误。父母要让孩子懂得如果是自己办错了事，就该自己负责，从而使其引以为戒。

亚亚是小学四年级的学生，在班里也算是优等生。但是最近一段时间，班主任发现他上课总是爱睡觉，老师在堂上讲课，他在台下“哈欠”连天，一幅无精打采的样子，学习成绩也直线下降。对此班主任决定对亚亚进行一次家访，看看他家里是不是发生了什么事情。这天班主任到亚亚家里说明情况后，亚亚的爸爸立即意识到这可能是因为亚亚每天晚上玩游戏，很晚才睡觉而导致的。于是爸爸向班主任道歉，说一定会好好管教亚亚，让他不再这样下去。班主任走后，亚亚以为爸爸一定会狠狠地责骂自己一顿，可是爸爸却什么也没有说，更没有严厉批评他，而是将游戏机没收了，还扣了他一部分的零花钱，并且还说什么时候他的学习成绩赶上去了，班主任对他的表现满意了，就恢复他的零花钱与玩游戏的权利。这样一来亚亚虽然很不高兴，但他也明白是自己有错在先，爸爸没有责骂自己已经是不错了，自己天天晚上玩游戏，很晚才睡觉，确实严重地影响了学习。亚亚想这全都怪自己，于是便决定今后一定要好好学习，不再贪恋于游戏。

美国教育家珍妮·艾里姆说：“孩子的身上存在缺点并不可怕，可怕的是作为孩子人生领路人的父母缺乏正确的家教观念和教子方法。”孩子犯了错误没什么大不了的，关键是大人对这些事情的处理方法是否正确。如果孩子打碎了邻居家的花盆，家长什么也不说孩子，就自己主动拿钱补偿；如果孩子故意弄坏了伙伴们的东西，家长不但不指责孩子的不对，还认为孩子的伙伴不够好；那么这样就不利于培养孩子自我反省的能力，更不利于孩子正确意识的形成。这种做法最不好的结果是会助长孩子的不良行为，从而使孩子本应有的责任心在还没有得到合理的表现时就已经丧失了。因此，当孩子有错了，家长千万不可以包庇，应和孩子讲清楚他哪里做得不对，让孩子懂得某种不良行为可能带来的恶果，让孩子明白自己应该怎么做才是合理的，从而使他为自己的行为负责。

我们任何一个人都要对自己的行为负责，学会对自己的行为负责应该是孩子成长的最关键一步。所以当孩子犯错时，就让他直接承担后果，因为承担过失就是对他最好的教训。可以告诉孩子做错事也没什么大不了

的，只要知错能改就是好孩子。同时也要让孩子知道，知错不改就是错上加错，这样的行为是无法获得别人原谅的。让孩子在错误中接受教训，从而学会改正与负责，帮助孩子树立正确的观念，这对我们来说就得到了一个再好不过的教育效果。

心理能量

如果一个人的责任心总是“沉睡”着，那么这个人做事就不可能有什么担当或强烈的责任心。面对孩子犯错，我们应告诉他要主动承担后果，使孩子学会担当，培养应有的责任心。让孩子懂得自己做错了事就该自己负责，学会从中接受教训，为今后的正确行为打下基础。

第五章

当孩子处于新环境时——适应心理

很多心理专家认为培养孩子具有充分的环境适应能力是使其快乐成长与心理健康的关键。一个人所处的生活环境不可能是一成不变的，从小时候开始就会不断地接触或进入各种不同的生活环境，比如自己家、姥姥家、朋友家、幼儿园、小学、中学、大学、公司等各种不同的生活场所，各种各样的环境都有可能遇到，而且还会有不同的变化。每一个新的环境都会对孩子提出各种新的要求，如果孩子的心理与情绪不能够很好地适应，就会与新的环境之间产生矛盾和冲突，也就无法很好地融入其中。因此，家长及早培养孩子的“自适应”能力，让他学会适应各种各样新鲜的生活环境非常重要。

第1节 “自适应效应”：怎样培养孩子适应各种新环境的能力？

家长闲暇时多带孩子外出旅游，多去了解大自然的千姿百态，是一项很有意义的活动。在春暖花开的时候，让孩子慢慢观察小草发芽，花儿吐艳，树叶怎样长出来等；夏天让孩子到野外看看绿树成荫，江水奔流，看看山上的野花野果等；秋天带孩子去看看田野的丰收景象，看看成熟的果实，看看树木落叶归根的变化等；冬天带孩子观察万物收藏的气象，看看从天空飘落的雪花等。让孩子了解大自然四季不同的变化，看看不同的自然环境。在赏花观景的同时，还能让孩子学会适应各种新鲜的环境，了解很多新鲜有趣的事物，放松在学校里紧张的学习状态，从而增长见识与适应能力。所以说旅游是教育孩子的一个好机会。

美国心理学家约翰·康德里曾进行过一个实验，他在康奈尔等一些知名的大学选了一批学生作为研究对象。先把这些学生分成两组，之后就把一篇小说开头的一段情节发给这两组学生。这一段情节以虚构的方式描写了一个家庭：霍夫曼教授、他的妻子，以及他们收养的朝鲜血统的女儿。情节中一个女孩在哭泣，她的衣服被撕破了，一群孩子在盯着她。康德里要求大学生们写完这个故事，并且要求其中一个小组所写的文章一定要用“将来时态”的方式来进行描述，写出“霍夫曼夫妇将做些什么，孩子将说些什么”；另一个小组所写的文章要用“过去时态”来描述，写出“霍夫曼夫妇干了些什么，孩子们说了些什么”。也就是说，两个小组的写作方式除了时态的不同外，文章内容和要求都是完全一样的。结果，要求写“过去时态”的那组学生，写的情节和结局极其虚假、空洞，不过他们对于过去的描写却很翔实，但在写到未来时则写得极其乏味；被要求写“将来时态”的那组学生，不但写出了有趣的故事结尾，还引入了新的情境和对话，而且其中还添加了各色人物，使文章极其丰富并具有创造性。

面对这个实验结果，康德里教授意味深长地评论说：“这就好像我们

觉得谈论过去比谈论未来容易些似的。”在实际生活中很多人考虑的生活概念大多都仅仅是“现在的自己”，而对将来则没有过多的考虑，那么在遇到新鲜环境及突发事件时就往往不知所措、难以适应。因此，家长最明智的做法是尽早培养孩子对自己的未来做出打算，以培养自己适应社会、适应环境的能力，这样才能促使他们更好地融入各种新鲜的生活之中。

松松八岁了，是个很乖、很听话的小男孩，爸爸妈妈都很喜欢他。虽然松松平时在家也乖巧可爱，可是一到外面就表现得非常拘谨，在公共场所和人多的地方，尤其是陌生地方，更是神态不安，很不自在，不敢大声说话，也不敢多活动，总想快点回家。其实松松是有点“怕生”，尤其是对陌生的环境有点不适应。原因是爸爸妈妈由于工作忙，很少带松松外出，总是让他待在家里，这样松松一到外面的新环境就不太适应了。对此，爸爸妈妈决定抽时间带松松去各地旅游，以培养他的环境适应能力。

暑假时，爸爸妈妈都向公司请了假，决定带松松去山区旅游，松松乐得不得了，就高高兴兴地跟爸爸妈妈出去了。看到外面优美的风景，新鲜的事物，松松真是好不开心，一路上唱啊跳啊的，有时也竟然能与身边的小朋友交流一下快乐的心情。要上山时，很多游客都选择乘坐电缆车，而爸爸妈妈则选择了登山的路线，因为这样可以让松松体验一下怎样爬山，让他多了解一些山坡上的花草植物，让松松多尝试一些新环境。在爬山的途中，不时遇到一些陡峭的地方，松松就有点害怕，不敢往上爬，这时爸爸就鼓励他，说越是危险的地方越有意想不到的惊喜，相信他一定可以爬上去。之后，爸爸就先爬上去，教他怎么做，妈妈则在后面守住，以防他滑下来。这样松松终于鼓足勇气爬了上去。这时旁边一些爬山的游客也对松松伸出了大拇指，夸他很棒呢。松松感到很自豪，很高兴地谢谢人家。之后，有两个小朋友过来与松松说话，松松就很高兴地与他们一起去爬山。爸爸妈妈看到这样，都欣慰地笑了。

在旅游的行程中随时随地都会有新鲜的东西出现，对孩子来说这些都是最好不过的教材，可以使家长随地取物对孩子进行一次亲身感受的言传身教，是再好不过的教育方式。平时多带孩子外出，可以帮助孩子感受大

自然，融入大自然，开阔眼界，从而适应大自然的新环境，多了解新事物。多带孩子外出旅游可谓益处多多，不过当孩子要接触新环境时，父母一定要多鼓励孩子，让孩子认识到新环境的趣味，以激起孩子的好奇心和勇气，如此孩子就会很快地适应旅途中的各处新环境。特别是一些新颖的经历最容易激起孩子了解新事物的兴趣，从而培养其适应新环境的能力。所以带孩子旅行虽然辛苦，需要照顾他的安全，但同时也有许多机会教育孩子。旅游中对于新鲜的事物，不用故意地问孩子这是什么、那是什么，只需要让孩子去观察、去体验就可以了。这种让孩子自己感受的教育方式，将会是孩子一生的宝贵财富。

经过多次外出旅行、跋山涉水的经历，孩子的思想就会发生很大的变化，慢慢地他就不怕山高水急，不怕陌生人与陌生的环境了。随着适应能力的加强，他一个人往往也敢于冒险了。不过，在带孩子旅行时，为了孩子能玩得安全与开心，有心的父母还需要把孩子的生长发育等因素考虑进去，具体可以参考以下事项：

1. 尊重孩子的习惯。

虽然是外出旅游，但一些生活习惯也不可以一下子全改变。比如，孩子习惯过一阵子就舒展一下肢体，玩了几个小时就要冲个热水澡，或是过了两小时就要吃一次东西等。对于这些小习惯应尽量满足孩子，以使他旅途愉快。

2. 先了解目的地是否有孩子喜欢的东西。

在准备去某个地方旅游之前，父母要先了解一下要去的那些地方是否有会让孩子高兴的事物或是让孩子喜欢的东西，再决定去不去。否则，如果孩子不喜欢，去了也没多大意义。

3. 减轻孩子的恐惧心理。

在旅途中不论遇到什么不好的事情，在孩子面前都不要危言耸听，制造恐怖的气氛，以免孩子产生恐惧心理，从而裹足不前或是吓得心惊胆战的。应让孩子看到美好的一面，从而大胆地前行，愉快地探索。

4. 让孩子熟悉新住所。

在刚换一个新的住所时，往往很多孩子难以入睡。这时父母要想办法帮助孩子，在满足他好奇心和新鲜感的同时可以给他一段时间去熟悉新住

所的环境以及一些陌生的声音。让他们对其进行探究、了解，一开始也许有必要让他闭门不出，这样等孩子对新住所熟悉之后，就能适应了。

5. 多关注孩子的感觉。

旅游时，很多父母往往都会急于让孩子体验各种活动，了解很多东西，却忽视了孩子生长发育的一些关键因素。比如，孩子的注意力往往不能持久，他们还不能像成年人那样长时间地关注一些事物。因此，赏景观光时要多从孩子的角度出发，多考虑孩子的感受，以避免发生不愉快。

6. 多让孩子与他人接触。

孩子们只有在集体环境中才能多与人打交道，才能慢慢消除“怕生”的心理。因此，在旅途中父母可以尽量多让孩子与他人接触，可以让他学着帮助别人，多与他人交流、同行等，以锻炼他的环境适应能力。

7. 减轻孩子的心理负担。

一般来说孩子们的自我控制能力都较弱，而旅行和远足又要求有较强的耐力。为了避免孩子过度劳累或产生厌烦，有心的父母一定要随身带上饮料和孩子喜欢吃的方便快餐等，使孩子能及时地补充体力，并且还要尽可能地减轻孩子紧张压抑的心理，使孩子能轻松地到达目的地。

8. 要多照顾年龄小的孩子。

有些孩子在陌生环境里什么都不敢做，比如：不愿意自己进浴室，不敢睡陌生的床，不愿意换衣服等，特别是一些年龄较小的孩子往往表现得比平时更黏人。这时就需要父母的耐心，不要责骂孩子，应该温和地对待，以慢慢培养孩子的适应能力。

心理能量

当孩子接触新环境时要多鼓励他，好让孩子认识到新环境的趣味，这样他就会很快适应旅途中的各处新环境。特别是一些新颖的经历，最容易培养孩子适应新环境的能力，这对孩子长大后的生存适应能力会有很大的帮助。

第2节 “开学恐惧症”：怎样帮孩子避免开学时的紧张心理？

“我下定决心要告别从前，不再浪费时间……时间过了一天又一天，时针转了一圈又一圈，突然发现，原来我还在原点……哎咿呀……我又得了开学恐惧症。哎咿呀……其实真的我不想承认，哎咿呀……现实说来它非常残忍……哎咿呀……现在的我就快要发疯……”这是一首非常热门的歌曲——“开学恐惧症”，几乎所有正在读书学习的孩子都对它“情有独钟”。尤其是到了每年的八月底、九月初要开学的时候，绝大部分的学生都对“开学”一词深有体会。当他们还流连于美好暑假生活的时候，还唱着悠然的小调轻松自得的时候，一个残酷的现实突然就到来了——开学。面对再次返回学校，再次去进行无休无止的学习，很多孩子都会产生紧张、担心、焦虑、无奈、恐惧等一系列消极的心理。

据有关统计调查发现，有65％左右的学生对开学返回学校学习有不同程度的焦虑感，并且约有一半的人有较强的恐惧感。每当将要开学或刚开学之后，这类学生常常会表现出情绪低落、焦虑不安、记忆力减退、注意力不集中、脾气暴躁、头痛、失眠、胃痛等一系列身体不适的症状。从心理学来说，“开学恐惧症”也是一种情绪障碍，绝大多数患此症的孩子都有“开学”厌倦情绪，只不过有的孩子症状轻微，而有的孩子情况严重罢了。对此，英国曼彻斯特城市大学的研究人员经过多次调查研究，最后总结出一个相当精确的数学公式，可以帮助学生诊断“开学恐惧”症状的情况。其公式如下：

$$[(s+c)\times(r+t)-(h+o)]\div b$$

s：你在学习中可以获得快乐感吗？（1～5分，快乐感最低的得分是5分）

c：你与同学相处的融洽程度如何？（1～5分，融洽感最低的得分是5分）

r：你平时容易使自己放松吗？（1～5分，最不容易放松的得分是5分）

t：你假期旅行感觉好吗？（1～5分，感觉最差的得分是5分）

h：你选择的度假时间正确与否？（1～4分，否定程度最强的得分是4分）

o：你与身边其他人的关系怎样？（1～4分，关系最差的得分是4分）

b：你在前后两次出去度假的时间是否特别长？（1～4分，时间最长的得分是4分）

先测出自己在每一条中的分数，然后再根据公式进行计算，最后看数值的结果。如果算出的数值越小，则孩子对“开学”的“恐惧感”越轻微；反之，算出的数值越大，则孩子对“开学”的“恐惧感”就越严重。

“开学恐惧症”不是专用的医学术语，而是在校学生对学校产生的恐惧心理的消极情绪困扰，才形成了这个与心理有关的术语。而且这个人群大都是那些心理素质较差和适应能力较差的学生，比如有的学生成绩不好，有的学生总是追求完美，有的学生经常受到老师批评，有的学生心理脆弱，有的学生适应不了新环境，这五类学生都是“开学恐惧症”的易发人群。而引起“开学恐惧”的原因也有几方面，比如人际交往困难，在学习上有挫折，学习过于紧张，升学压力大，在学校的某活动上曾遭受过很大的委屈等情况，都是孩子对开学产生抵触情绪的重要原因。

九岁的卫卫都上小学三年级了，可是每当暑假快要过完，开学的日子一天天临近时，他的心情就会随着开学的到来而变得不安起来，常常无缘无故地发脾气，还总是在爸爸妈妈面前哭闹着不想去上学。为了使卫卫改善这种状态，爸爸妈妈还在这个暑假里早早地对卫卫进行了开学准备及适应训练，但结果使卫卫感到压力更大更紧张，心理状态也更加糟糕，并且还引起发烧、恐慌、腹泻、头疼等不适症状。原来卫卫的学习成绩总是很不好，因此被老师狠狠批评过几次，还曾经被骂是“不开窍的蠢孩子”，但这样并没有令他进步，反而令他对学习更加没有信心。在暑假里，他的生活方式有很大的改变，不但可以看电视、玩游戏，还可以外出旅游，这种生活对他来说真是又轻松又快乐。当爸爸妈妈提前给他演练返回学校好好学习的情形时，他心里非常不安，皱着眉头说：“玩得还没有尽兴呢，怎么又要去学校了？那些没完没了的听课、学习，肯定会将我弄死的！”这种情绪就更增加了他对学习与老师的恐惧感，所以在开学的强大压力之下，卫卫不但产生了不良的心理情绪，还引起了一些生理疾病。无奈之

下，爸爸妈妈不得不带他去看心理医生。经过耐心的开导，心理咨询师终于慢慢疏通了卫卫的心理症结，帮助他摆脱了消极情绪。最后，卫卫终于答应去上课了。

对“开学”抵触心理严重的孩子，家长一定要重视，多想办法开导、帮助孩子，否则，就会影响孩子一生的学业。父母平时要多探究孩子对上学抵触的真正原因。当孩子说起对某一老师印象不好时，家长不可以把老师描绘成严厉凶狠的人，应疏导孩子对老师的偏见心理；也不能将学校描绘成痛苦或使人不快乐、很难受的地方，应缓和孩子对学校的厌恶心理。可以说一些赞美或欣赏的话，也可以向孩子指出学校与某老师的优点之处，找到孩子喜欢或可以接纳的地方，也可以适当地减少学习或作业量，以减轻孩子的思想负担，化解孩子的恐惧，帮助孩子认清问题所在，从而帮助孩子调节心理状态。此外，以下几点方法可供参考使用：

1. 提前进入状态。

在开学前约一周时，应将孩子的生活内容调整到上学后的状态。给孩子制订一个合理的作息时间表，并做出相应的调整，让孩子模拟正常的学习生活模式。这样通过一周的训练，往往可以使孩子在开学后有良好的心情迎接新的学期。

2. 纠正生活习惯。

开学前几天应合理纠正孩子的生活习惯，如果孩子还在“放假状态”，家长应多督促教育。做到按时叫孩子起床、休息及饮食，以保证孩子有旺盛的精力投入到学习中去。

3. 早些收回玩乐心思。

在漫长的假期中，难免会有一些娱乐活动，特别是那些有趣而好玩的活动，总会令孩子沉湎其中，使孩子到了课堂上也不能很好地集中精力听讲。因此，为了消除学习时的杂念，对于孩子的娱乐心态一定要及时进行调整，以防上课时出现溜号现象。

4. 让孩子对学校有个好印象。

如果孩子对学校有很强的抵触心理，这时就要想办法减轻孩子的思想负担，多给孩子介绍一些学校里的有趣事情，以减少孩子的敌视心理。可

以提前带孩子与要好的同学一起到学校里看一看、玩一玩，让孩子对学校有个好印象。这样孩子回校后，通常会有较好的适应能力。

5. 与校方配合。

如果孩子对学校的恐惧症结很严重，在开学之初父母应争取校方的配合，为孩子克服恐惧心理创造有利条件。父母可以先与学校的负责老师联系，请求老师多和孩子进行心理沟通，让老师减轻孩子的学习压力，而不是一味地安排紧张的功课。

6. 自我暗示。

对学生自身而言，也可以根据自己的自我控制能力，进行积极的自我暗示。比如，我们的学校是最好的，老师是最喜欢我的，我的学习成绩还是可以的，等等，对自己进行积极的暗示。为了增加自信，也可以有计划地转移兴奋点，为自己制订一个切实可行的计划和目标，以使自己在最短的时间进入学习角色。

7. 求助心理医师。

如果上述方法难以奏效，对那些“开学恐惧”症状比较严重的孩子，父母就要带他去求助于专门的心理咨询服务。而对特别严重的孩子，也可以在医师的指导下，慎重地选用药物治疗。

心理能量

面对开学，绝大多数的孩子都会有不愉快或厌倦的情绪，情况严重的孩子往往会产生紧张、焦虑、恐惧等一系列消极的心理。对于这种情况，家长一定要重视，想办法开导孩子，平时多探究孩子对上学抵触的原因，再相应地减轻孩子的学习与思想负担，从而化解孩子对上学的恐惧感。

第3节 “鲶鱼效应”：怎样激励孩子面对新挑战？

通常来说，孩子在小的时候往往都有些懦弱、胆小等个性内向的倾向，尤其是面对一些没见过的人或没经历过的事情时往往会表现得畏缩不前，这些特征基本属于正常的行为表现。但是如果孩子表现得过于拘谨、过于懦弱怕事，总是畏畏缩缩，做什么都放不开的样子，那就过于胆小怕事了。这样的孩子往往不够勇敢、不敢挑战、不敢创新、没有主见，还处处需要他人的照顾与保护，也缺乏独立生活能力，在同龄人面前也就显得很弱小、很没能耐了。要知道这个世界到处都是充满竞争与挑战的，软弱的人是不能适应这个社会的。因此，对于这样的孩子，家长一定要多培养、多锻炼、多让孩子去尝试，培养他们勇于挑战困难的精神，尤其是对于孩子感到害怕、认为有难度的事情，要更加加强训练，以提高孩子克服挫折的能力。可以运用心理学上的“鲶鱼效应”来培养孩子的竞争意识，培养孩子敢于面对挑战、积极向上的品格。只有敢于挑战，他们才能在这个社会上生存下来，所以要让孩子不断学习成为强者的一切因素。

沙丁鱼营养丰富、肉质鲜美，很多人都喜欢吃。但是人们从海里捕捞上来的沙丁鱼的生命力却非常脆弱，它们往往在还没有运到购买市场时就会一个个在中途死亡。而死亡后的沙丁鱼在价格上会大打折扣，市场上活沙丁鱼的价格要比死鱼高出许多倍。捕捞沙丁鱼的渔民们总是千方百计地想尽一切办法，让沙丁鱼活着回到市场。可是虽然大家进行了各种努力、想了无数的办法，但捕捞上来的沙丁鱼还是有绝大部分会在中途死亡。怎么办呢？大家一时都束手无策！不过，就在大家都无计可施的时候却有一条渔船竟然可以每天都让大部分沙丁鱼活着回到市场。大家纷纷请教其原因，但负责这条渔船的老船长却不肯说出令沙丁鱼存活的秘密，直到多年以后他去世了，这个被他严格保守了多年的秘密才被揭开。这个老船长非常了解鱼类的习性，知道鲶鱼爱吃沙丁鱼，而沙丁鱼见了鲶鱼就四处乱

逃。于是他就在装满沙丁鱼的槽子里放进了一两条大鲶鱼，沙丁鱼见了鲶鱼后十分害怕便四处躲避，而大鲶鱼由于身处陌生的环境也十分不安，左冲右突的。沙丁鱼为了保命就逃避得更加迅速，这样在不断受到生命危险的刺激之下，沙丁鱼不得不始终拼命地游动，没想到这样却保持了它的活力和生机，竟然一个个活蹦乱跳地被带到了市场。这就是心理学上的“鲶鱼效应”。

从上面这个效应中我们可以看出，只有在危险逼近之下才会唤起沙丁鱼的竞争求胜之心，它们在面临死亡的时候才会产生强烈的生存意识；否则，风平浪静的生活环境只能让它们安乐地死亡，只有处于激烈的竞争中才能够始终生存下来。同样，为了培养孩子独立自主的能力，家长也可以运用“鲶鱼效应”去激励孩子勇于面对挑战，如果能灵活地加以运用，对激发孩子的活力与生活能力有着很好的促进作用。

七岁的小贝天生胆小，性格内向，无论做什么事情都是畏畏缩缩的。对他人来说很简单的事情，但对小贝来说就非常难，尤其到陌生的地方或遇到陌生人时，总是一副很难为情的样子，什么都不敢做。因此，爸爸妈妈一直在想方设法锻炼他的胆量，想让他学会适应各种人际场合，学会挑战自己。今天是周末，爸爸妈妈带他去超市购物，一家人在超市里转来转去，买了好多物品。转了一会儿，小贝想要去上厕所，但自己又不敢去，爸爸只好将他带到厕所边，让他自己去上，然后就回去帮妈妈拿物品。过了好大一会儿，小贝还没有回来，妈妈不放心，就让爸爸再过去看看他。爸爸到超市的厕所边一看，小贝一副沮丧的样子站在厕所门口的一边，眼看着别人一个又一个地从厕所里出来，一个又一个地进去，但小贝却不敢上前一步，而是呆呆地在一旁看着厕所里进进出出的人。像这种类似的情况，不知在小贝身上发生过多少次了，这次爸爸决定要帮小贝改变这种胆小怕事、畏缩不前的行为。于是，他就严厉地对小贝说：“小贝你过来，站在厕所门口排队，轮到你时马上进去，不能再迟疑。不然，今天我就让你一直在这儿等下去，看你还能将尿憋到什么时候！”在爸爸的威逼之下，小贝只好走到厕所门口去排队，快要轮到他上厕所时，突然后面一个调皮的孩子猛地将小贝挤到了一边。这时，小贝又想像之前那样在一边

等着，不过，爸爸这时厉声地说："怎么搞的？站回你原来排队的地方去！"这时小贝终于鼓足勇气，又站了回去。挤他的那个孩子还想再挤他，但小贝使劲地站稳，并用眼睛狠狠地瞪着他。看到小贝这个样子，后面那个调皮的孩子也不敢再怎么样了。这样等了半天的小贝，总算可以自己去上公共厕所了。

美国作家约翰·卡迪森曾经说过："激励是一个人由失败走向成功的必要条件，是一种魅力精神的载体。"骏马是跑出来的，强兵是打出来的，孩子的成长需要鼓励，就像花草的成长需要水一样。只有激励才能激发孩子的潜能，使他一步步迈向成功。激励可以让孩子有良好的表现，比如变得勤学或养成良好习惯等，而这些又可以促进孩子做出良好的自我激励，从而促使自己不断进步。在适者生存的生活环境中，孩子没有上进心，不敢一个人面对挑战是不行的。父母在生活中要注意多对孩子进行积极激励，让孩子学会各种生存的技能和能力，孩子才能在这个世界上幸福地生活。那么，如何激励孩子，让孩子敢于面对挑战呢？下面几点可供参考：

1. 奖励激励法。

为了激励孩子的挑战心理，开始也可以采取奖励的方法。比如，孩子非常羡慕邻居家的大浴缸，那么可以以得到此为奖励，设置一件或两件稍有难度的事情，让孩子努力地去完成。这时孩子为了可以在漂亮的大浴缸里自由地洗澡，往往会努力地去做事情。等他将要求的事情完成后，就达到了激励的目的。

2. 自我激励法。

自我承诺是一种最有效的激励方法，可以先引导孩子有自己的进取目标，然后让他将这种目标可视化，比如写出来挂在他的床头上，这样孩子每天早晨起床与晚上休息时就可以进行自我激励了。

3. 争取下次做好。

如果孩子这次没有将事情做好，不要多责怪孩子，可以让孩子争取下一次做好。在孩子经历挫折之后，要多鼓励孩子，培养他的信心与勇气，使孩子从心底里愿意再接受下一次的挑战。

4. 设立可行目标。

目标可以使孩子产生挑战意识，有心的父母可以给孩子设立一个他可以完成的目标，比如几百米短跑或是成绩在下学期进入全班多少名等，这些都可以激励孩子去迎接挑战。

心理能量

骏马是跑出来的，强兵是打出来的。孩子只有敢于接受挑战才能拥有更好的生活，才能一步步迈向成功。这个世界到处都充满竞争与挑战，因此，不断激励孩子的挑战精神是必需的。

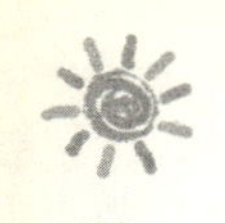

第4节 "生物钟现象"：要不要帮孩子调整好休息与学习的时间？

每天清晨，人们醒来之后，有的人神采奕奕、精神饱满，而有的人却浑身怠倦、神色迷离，这是怎么回事呢？同样是睡了一夜，有的人每天睡十多个小时还睡不醒，而有的人只睡五六个小时就睡意全无了，这又是怎么回事呢？其实，人的这种精神状况大多与"生物钟"有关，只有让它正常地运转，才能保证人体的健康与长寿，也才能使人的精神状态保持快乐与聪慧。从生理与心理上来讲，人体的生物钟如何运行，是影响孩子学习效果的一个重要因素。比如，有些时候孩子学习特别努力，一副专心致志的样子；而有些时候却马马虎虎，一副心不在焉的样子。这是为什么呢？其实，这一切往往都与孩子的生物钟有关。

"生物钟"是体内的一种无形的"时钟"，科学家们将"体力""情绪"与"智力"盛衰起伏的周期性节奏科学地绘制成三条波浪形的人体生物节律曲线图。一些科学家通过研究生物钟发现人体会随时间的节律有时、日、周、月、年等不同的周期性节律，例如，人在上午8时，通常大脑具有严谨、周密的思考能力；到了晚上8时左右，记忆力最强；人的推理能力在白天逐渐减弱；到了下午3时，思考能力最敏捷。这些现象就是人体生命活动的内在节律性。有专家研究指出，根据生物钟的节律，可以合理地安排人在一天、一周、一个月，甚至一年的作息制度，以减轻疲劳，预防意外发生，从而迅速地提高工作效率和学习成绩。从科学研究中我们可以看出，人体生物钟对我们每一个人的心理健康及生理健康都有着很大的影响，如果我们按生物钟的节律来安排作息，就往往会取得良好的效果；反之则往往会感到疲劳与不舒适。因此，在孩子的日常生活中，父母要按孩子生物钟节律的协调性，合理地安排孩子的学习与休息时间，这样才能在学习上取得事半功倍的效果。

未未上小学三年级了，可学习成绩一点也不好。因为他总是不能集中精力上课，特别是到了每天上午十点左右的时候，常常在课堂上睡觉，老师在上边讲着课，他却在下边迷迷糊糊地睡着了。对于未未的这种情况，所有的老师都非常不满，经常给他的爸爸妈妈打电话。老师说，在一般情况下，下午上课时往往会有个别学生犯困，表现出精神不足的样子，而上午上课时几乎所有的学生都精神饱满、状态充沛，只有未未与大家相反，总是在上午就会表现出没精打采的样子来，这肯定是有什么问题。

这是什么原因呢？爸爸与妈妈都十分关切地问未未，但未未也不知道自己是怎么回事，他也很苦恼。总之一到上午十点多他就会注意力下降，头脑昏沉地想睡觉。爸爸妈妈带他去医院做全面的身体检查，但所有的结果都表明未未很健康。最后，爸爸妈妈又带未未去看心理医生，有关心理咨询师在询问了情况之后，说未未的这种情况是“生物钟”紊乱所致。原来未未天天和爸爸一样，喜欢晚上看电视剧，而且总是看到很晚才肯上床睡觉，这样长期下来，就导致了睡眠的严重缺乏。每天起床后才三四个小时，他的精神就十分困乏了，于是就常常在上午老师讲课的时候睡觉。得知原因后，爸爸妈妈立即调整了未未的作息时间，爸爸也不再看电视到很晚了，而是在未未写完家庭作业，八点半到九点的时候，就关上电视，与未未在同一时间上床睡觉。如此坚持了一段时间，未未的生物钟节律逐渐恢复了正常，终于不在上午上课时睡觉了。

经过多次的研究探讨，很多有识之士常常把学习方法看成是获取学习成功必不可少的因素。比如，怎样让学习变得轻松？在什么时候人的记忆力最强？什么时候思考能力最好？这些都可以根据生物钟来衡量决定。所以如果我们恰当利用生物钟的规律来给孩子规定什么时间学习，什么时间休息，想必定能促进孩子的学习效率，帮助孩子提高学习成绩。伟大的物理学家爱因斯坦曾研究出这样一个公式：A=X+Y+Z；其中X代表辛苦劳动，Y代表正确的学习方法，Z代表少说废话，而A则代表所取得的成功。他说如果将这个公式用在学习上，首先要靠勤奋努力，其次看学习方法，然后要看效率如何。只有这三者配合得当，才能在学习上取得优异的成绩。尤其是学习方法，对最终的效果影响最大，因为它包括了最佳的学习

时间，自然也就将效率提高了。

一年有四季，一天有早晚，为了让孩子更好地学习，我们要做一个有心的父母，摸索出一套符合孩子的生活规律，然后合理地利用孩子的生物钟特点，选择最佳的学习时段来安排孩子的学习计划，这样就可以使孩子快乐地生活与学习。比如：

（1）放暑假了，要预防孩子生物钟紊乱，应合理地安排孩子在暑期的作息时间。

（2）假期里，让孩子养成健康生活习惯，不可太放纵。

（3）假期里，旅游出行的时间不要太长。

（4）走亲访友应减缓一些，适可而止。

（5）玩乐之后，要及时挂上学习“生物钟”。

（6）对于一些节日状态，要相应地调整。

（7）暑假快要结束时，提前帮孩子挂上学习“生物钟”。

（8）开学前，帮孩子制订一份新学期学习计划。

这些将会使孩子的生活与学习获益无穷，使孩子有一个饱满的精神和良好的状态投入到学习与生活中，从而做到快快乐乐生活，轻轻松松学习。

心理能量

生物钟关系到人的休息及劳作，都是有一定规律的，并且人体的生物钟如何运行，是影响学习或工作效果的一个重要因素。每个人都有自己独特的、与众不同的生物钟，我们要帮孩子找出他的生物钟规律，然后合理地利用孩子的生物钟特点，才能让孩子健康而有效地生活与学习。

第5节 “迂回效应”：如何培养孩子应对变化的能力？

我们的人生是一个不断遇到问题而又不断解决问题的漫长过程，虽然很多时候，它还是充满幸福与快乐的，但那些不尽人意与突发的事件还是会常常出现。即使父母非常不愿意看到孩子的人生充满风风雨雨与困难，可这是在所难免的，很多时候无论我们有多么的不舍与担心，也往往无济于事。那么眼下我们最应该做的就是培养孩子长大后能在各种环境中生存下去的能力，让孩子学会应对环境变化或一些突发事件，特别是对于那些娇气、任性的孩子，应该早些帮他们调适心理。父母可以利用“迂回效应”来教育孩子，让孩子学会如何更好更容易地解决问题。

古时候有四个考生，想事先知道自己的科举考试成绩，于是他们就一起去找当时一个非常有名的算命先生，让他预算一下他们的考试成绩如何。但是这个算命先生了解了他们的来意后却一声不吭，只是神秘地伸出一个指头，在他们面前晃了晃。几天后考试结果出来了，四个考生中只有一个人考了好成绩。这时有人问算命先生怎么算得那么准，算命先生幽默地说：“很简单，我只是运用了以不变应万变的‘迂回效应’。如果他们四人全都考了好成绩，那么我伸一个手指头，就表示他们之中没有一个不及格；如果有三个人考了好成绩，那么一个指头就明显地表示了只有一个人的成绩不好；如果有两个人考得不错，那一个指头则表示只有一半考得好；如果他们全都考得不好，那就表示考得好的一个也没有。”看到算命先生未置可否的态度，我们便可了解到“迂回效应”的威力，如果能善于运用这种效应就可以对生活中的一些变化或突发事件应对自如、巧妙解决。这样不但不会得罪对方，而对方往往还会产生感激之情。教育孩子也是一样，当我们以强硬的教育方式达不到教育目的的时候，一个智慧的家长不妨改变一下步调和方法，采用“迂回效应”的方式，往往能起到事半功倍的教育效果呢。

晓晓是个非常幸福的孩子，从出生开始就天天享受着爸爸妈妈的疼、爷爷奶奶的爱，全家人对他的关怀几乎到了溺爱的地步，使他饭来张口、衣来伸手，而且几乎所有的事情都有家人替他办。如此一来，晓晓已经不知道如何去应付在生活中遇到的一切事情了。虽然他已经九岁，上小学三年级了，但无论生活中的什么事情都还没有试过自己亲自操作完成，就连学校里布置的一些需要动手的特殊课业，也是家人代他去做。比如这次老师布置的作业是“上学路上”，要求有一定的情景并要有图文。这可把晓晓的全家人都忙坏了，先是爷爷去学生用品专卖店，帮助晓晓买所需的材料；爸爸去儿童书店购买参考书籍。然后妈妈与奶奶俩人一个剪、一个贴，最后爸爸又在上面写了几行优美的文字，直乐得晓晓美滋滋地拿着去学校了。

可是到课堂上展示的时候，老师却发觉这不可能是晓晓自己做的，于是晓晓只好向老师老实交代了全家人帮他做作业的真实情况。老师听了之后非常不悦，就让晓晓放学回家自己动手重做一份，第二天再交上来，不然就找家长谈话。晓晓一脸沮丧的样子回到家，将老师的原话说给全家人听。哎，这怎么办呢？爷爷奶奶听后非常不悦，要找老师去评理，晓晓的妈妈赶紧拉住他们。最后还是晓晓的爸爸想开了，觉得老师说的在理，家长的确不可以什么事都替孩子去做，要不然孩子长大后什么都不会做，遇到事情不会思考，碰上难题不会应对、不会解决，那他一个人怎么生活下去呢？“晓晓过来，你自己动手学做吧，我在一旁教你。”爸爸说。“嗯，好吧。”晓晓回答。就这样，在爸爸的指导下，晓晓虽然感觉很累，但还是顺利地将老师交给的任务完成了。虽然他做的远不如爸爸妈妈帮他做的那个漂亮，但老师看到后竟然表扬了他。这令晓晓非常开心，此后他也学会自己解决自己的问题了。

在漫长的成长过程中，孩子可能会遇到很多意想不到的事情，比如火灾、丢东西、遇到坏人、地震、赶不上车，等等，当孩子真正遇到这些问题的时候，他们该怎么做、会怎么做，就是我们平时对他们所进行教育结果好坏的具体体现。如果孩子能积极地想办法处理这些危机，而不是表现出害怕和胆怯，就足以证明我们对他的教育是成功的。父母虽然都非常疼

爱自己的孩子，希望他永远平安、快乐，但孩子在生活中也难免要面对很多的考验和打击，当孩子遇到挫折和打击的时候，他必须要采取某些方面的反应，合理地去应对，才可以走出困境。平时在培养孩子时，有心的父母可以多运用“迂回效应”，先让孩子尝尝困难的滋味，之后再教给他解决困难的方法与技巧。这样孩子往往能感受到父母对他的关怀，从而愿意接受父母的意见。因此，父母要懂得迂回之术，想办法多让孩子自己动脑思考，即使孩子碰了一鼻子灰，也要将事情交给孩子自己来处理。这样坚持下去，就自然会帮助孩子提高解决危机的能力。

心理能量

人生是一个漫长的过程，在这个过程中孩子可能会遇到很多意想不到的事情。这就需要孩子具有应对各种突发事件的能力，才可以顺利地走出困境。因此，只有早些培养孩子的应变能力，才能使他更好地生活与成长。

第六章
当孩子行为不端时——品格心理

在悠久的历史长河中，最得以传承及最被人们认可的就是品格教育。品格塑造了一个人的命运，它也决定了整个社会的规范程度。看看历史上那些名垂千古的人物，哪一个不具备优秀的品格？而那些身败名裂的人，也都是因为品格不好才遗臭万年的。所以作为家长，无论我们要培养一个多么成功或伟大的孩子，首要的就是培养孩子优秀的品格。要知道品格比财富、知识，以及其他东西都重要，因为它不仅影响着孩子的现在，更决定着孩子的未来。有了良好的品格，孩子才能有良好的人际关系，也才会有正确的人生态度，从而稳步走向成功，因此，父母不能忽略孩子的品格教育。

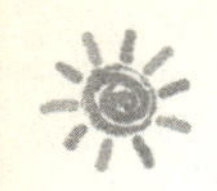

第1节 "说谎心理"：孩子说谎时该怎么办？

心理学家称人是爱讲谎话的动物，而且很多人在一天中所讲的谎话往往比自己所意识到的要多得多。所以说，对谎言我们并不陌生，生活中通常有很多人不动大脑也能随口说出两句不着边际的谎话来。美国心理学家费尔德曼说："我们常常会不自觉地向别人撒谎，而且很多时候连想也不想，谎言就随口而出了。比如，你穿这件衣服真漂亮；我给你打过电话，但你没接；家里有个很重要的事，眼下就去不了了……诸如此类的谎话可谓是数不胜数。"不过这类谎言大部分都是出于一时的无奈而做出的礼貌性应对，所以一般都可以姑息不究。但如果是孩子撒谎，就大不一样了。不论多大多小的谎言，家长都一定要重视。因为孩子还分不清是非，不知道事情的轻重，更不清楚什么事能说谎，什么事不能说谎，所以如果从小就纵容孩子说谎，一旦孩子撒谎成性，往往就会酿成难以挽回的苦果。

关于人们惯于说谎的现象，美国广播公司曾进行过一次民意调查，调查由新泽西州约翰逊医学院的刘易斯博士进行。根据调查之后的统计结果，刘易斯发现：每人每天平均最少讲25次不靠谱的"大话"，而且有很多人往往认识不到自己经常撒谎。对于谎言，心理学家告诉我们，人在撒谎时往往会产生一些特殊的表情，比如声音突变，眨眼频繁，不敢正眼瞧人，笑容较少，耸肩，瞳孔膨胀，不断地摸鼻子，清喉咙，说话停顿等。只要我们留意一下这些情况，就不难发现孩子说的是谎言还是实话。当发现孩子真的说谎时，一定要及时杜绝。要知道如果孩子撒谎没被识破，其心里就会形成一种不健康的思想意识，认为撒谎可以将错事蒙混过关，然后就会养成撒谎成性的恶习，这样不但越来越难教育，还会对他以后的成长与发展带来不良影响。因此，当发现孩子有说谎行为时，一定要及时地纠正及教育。但不可以对孩子进行打骂等惩罚手段，因为受到严厉惩罚的孩子往往会更加喜欢采取说谎的方式来保护自己。所以当孩子有撒谎的行

为时不要勃然大怒，不要先把孩子狠狠地训斥一通，而应先弄清楚孩子说谎的原因，之后再进行适当的处理与教育。

小强是个爱说谎的孩子，每天谎话连篇，不论什么事都不按实际表达。比如“妈妈，我的书包丢了，你再给我买个新的吧”“作业写完了，我该玩游戏了吧”“今天我的肚子很不舒服，我不想吃饭了”……为此妈妈非常生气，经常指着小强的鼻子说：“你这孩子，总是骗人，没一句实话。你要是再撒谎，我就饿你三天，不让你吃饭。”“这不公平，爸爸经常撒谎，你怎么还天天让他吃饭？”小强十分不满地说，竟然将妈妈问得一下子无语了。原来小强的爸爸也是个爱撒谎的人，平时说谎成性，一回家晚了就说自己今天加班；不想做的事情，就说自己忘记了；邻居想借东西时，总是说坏了……这样在爸爸的影响之下，小强就逐渐养成了撒谎的习惯。这令妈妈非常恼火，因为家里有两个“撒谎大王”！

面对孩子撒谎，很多父母都难以容忍。殊不知家长自己所谓的权宜之计——总以谎言来掩盖事实的真相，往往会成为孩子说谎的样板。当孩子觉得诚实远不如撒谎好玩时，逐渐地就会形成爱撒谎的习惯，那么当他犯了一些小过失或做错了事情时，就会编造出各种理由和借口来为自己开脱。所以父母平时应该时刻注意自己的一言一行，凡事都实事求是，为孩子做出诚实的榜样。发现孩子有说谎的行为时不要纵容，应及时纠正，以切断孩子说谎的隐性心理动机，但切忌对孩子严厉地指责或打骂。具体可以参考以下方法：

1. 信任孩子。

人人都需要信任，尤其是孩子更需要父母的信任与认可。要知道孩子有时候的调皮行为，是源于他的逆反心理，想引起大人对他的关注或重视，如果这时父母不理解，还怀疑孩子的诚实，严厉指责孩子的不对，那么就可能使孩子产生委屈、埋怨的心理，并以说谎来表达对大人的不满。

2. 了解说谎原因。

孩子说谎大多数是因为害怕受到惩罚，所以家长不要一开始就训斥孩子，而要认真分析孩子撒谎的原因，让孩子尽可能说出为什么怕父母知

道，之后才做出正确的处理方式，这样才能知道孩子为什么说谎，从而进行适当教育。

3. 做出诚实的榜样。

俗话说“上梁不正下梁歪”，孩子是沿着父母的脚印成长的，如果父母本身思想不够端正，孩子就难免会动歪心眼。因为一个人思想品德的形成与他平时所受到的潜移默化的影响是成正比的，所以要想孩子做一个诚实的人，首先父母就要以身作则，让孩子多积累正面的思想经验，这样就不怕他会长成一个不诚实的人了。

4. 多与孩子商量。

一旦孩子说了谎，切不要严厉威胁，要与孩子一起商量，告诉他撒谎是令人不高兴的行为，下次遇到类似情况该如何用更好的办法来代替说谎。这样到了下次，孩子往往就不会再以说谎来掩盖事实的真相。

5. 耐心教育。

当发现孩子说谎后，父母要耐着性子，分析孩子是无意说谎还是有意说谎，以搞清楚事情发生的经过。这时态度要和蔼，让孩子在足够安全的情况下进行耐心教导，使孩子慢慢承认自己的错误，保证下次不犯就可以了。

6. 正面教育为主。

越是爱撒谎的孩子越要多表扬，少批评。尤其是当孩子有诚实的行为时，就要给予特别的称赞，使孩子懂得诚实的价值。对于孩子的良好行为要多关注，就可以慢慢消除孩子爱撒谎的心理。

心理能量

美国心理学家费尔德曼说：“我们常常会不自觉地向别人撒谎，而且很多时候连想也不想，谎言就随口而出了。”可见说谎似乎是人的天性，很多时候人们往往会不由自主地说谎。但如果孩子经常撒谎，情况就大不一样了。因为孩子还分不清是非曲直，很容易陷入说谎的误区或歧路，所以一旦发现孩子撒谎，就应早些杜绝，以免酿成难以挽回的苦果。

第2节 “强化定律”：如何让孩子的好习惯一直持续下去？

俗话说“习惯养成无小事”，一个小小的习惯往往会影响人的一生。培根说：“习惯是一种顽强而又强大的力量，它可以主宰人生！人一旦养成一个习惯，就会自觉地在这个轨道上运行。”良好的习惯是一个人一生用之不尽的财富，而不良的习惯则会毁了一个人的一生。特别是对于年幼的孩子来说，行为习惯就是指引他们每天行动的指南针。如果孩子在日常生活中养成了一些良好的习惯，那么孩子就有可能朝着良好的方向发展下去；如果孩子养成了一些不良的习惯，那么孩子就有可能误入歧途，从而耽误了自己正常的发展。那么作为家长，我们如何让孩子摒弃不良的行为习惯，又如何让一些良好的行为习惯持续下去呢？对此，有心的父母家长不妨运用心理学上的“强化定律”。

我们知道海水里或河水里的鱼类有大有小，自然也有强有弱，所以它们也生活在一个弱肉强食的世界。那些弱小的鱼类，如小鲫鱼、小鲤鱼，自然就成了大鲨鱼、大鲸鱼的口中之食，这好像是一直以来都无法改变的生存规律。然而，在一个有趣的试验里这个规律却改变了。科学家们特制了一个很大的水槽，然后把几条大鲸鱼放了进去，接着放进许多的小鲫鱼。可想而知，放进去的小鲫鱼很快就被吃光了，几条鲸鱼在水槽里惬意地游来游去。之后科学家们把一块玻璃板放进了水槽，将小鲫鱼和大鲸鱼隔开了。这块玻璃板是用特殊材料做成的，在视觉上是区分不开的，所以小鲫鱼和大鲸鱼都看不到玻璃板的存在。于是饥饿了的大鲸鱼还像往常一样，凶狠地朝小鲫鱼扑去，想一口就将它们吞吃掉。可是不但什么也没吃着反而一头撞在了玻璃板上，这时莫名其妙的大鲸鱼看着眼前游动的食物很不甘心，于是就一次又一次朝玻璃板撞去，但却一次又一次撞得头晕眼花、昏天暗地，它们才知道眼前的美食是确确实实吃不到的，最后只好彻底放弃了。过了几天科学家们拿走了横在大鲸鱼和小鲫鱼之间的玻璃板，

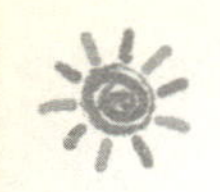

小鲫鱼在大鲸鱼的眼前游来游去，可是大鲸鱼对这些游在眼前的食物却视而不见，因为前些天的多次碰壁使大鲸鱼认为：这些小鱼是吃不到的。于是它们的猎食行为由于没有得到强化而逐渐消失了，最后强大的鲸鱼居然饿死在水槽里面了。

上面这个实验表明了“强化定律”：不管什么动物，不管它的本能有多么强大，但如果没有得到持续的强化，其能力到最后便会逐渐消失。这种定律不仅仅适用于动物，它更是帮助孩子修正不良行为的教育手段。关于这个定律，美国的心理学家斯金纳也曾用白鼠做过类似的实验，也表明了同样的道理。对于孩子来说，处于成长中的他们难免会同时存在好习惯和坏习惯，只有帮助孩子矫正不良习惯，保持好习惯，才是帮助他们成长发展的必然之路。如果家长善于运用“强化定律”，一定会让教育起到事半功倍的效果。

10岁的利利上小学四年级了，虽然学习成绩还算可以，但他的生活习惯却不大好，不但平时衣着邋遢、不修边幅，还喜欢乱扔东西。家里客厅的沙发上、桌子上、卧室的床上、卫生间以及地板上，几乎到处都是他乱扔物品的地方。鞋子、衣服、书包、课本、玩具以及日用物品扔得到处都是，整天弄得家里乱糟糟的。为此妈妈非常恼火，总是不停地唠叨指责他，但是利利依然是我行我素，没有丝毫改变。对此爸爸看在眼里，觉得利利乱扔东西的毛病也确实烦人，就对利利说：“你这种乱扔东西的毛病确实不好啊，等你长大了妈妈不能跟在你身边帮你收拾的时候，你还习惯乱扔，同学或朋友肯定会很不喜欢你的，所以你还是将这个习惯改了吧。”听了爸爸的话利利也觉得在理，于是乱扔的行为就有所收敛，像鞋子、衣服、书包、课本等凡是他自己的东西都不再扔在客厅里，而是统统丢在他自己的房间里。这时爸爸觉得利利有了进步，正想表扬他，可是妈妈却先开口说：“这是什么进步啊，在房间里乱扔也不行啊。哪有他这样的孩子，不是将东西扔这儿就是扔那儿的，你看人家隔壁的小奥把什么东西都放得规规矩矩的，那样才是好孩子呢！”听了妈妈的话，利利心里非常不悦，以后他的东西仍旧到处乱扔乱丢的，一点收敛也没有。

不过，利利虽然在生活上不太整洁但学习还是可以的，成绩经常名列前茅，只是作文有时写得不是太好。每次考试回来，爸爸看了他的成绩总是高兴地说："这次又考得不错，真是越来越有进步喽。"而这时也就是利利最开心、最高兴的时候。这次语文考试，利利的成绩虽然没有很大的进步，但作文却比上次多了五分，这时爸爸说："不得了，我们利利的作文也有进步了，居然比上次多考了五分呢，照这样下去，没准将来还能成为一个小作家呢！"得到了爸爸的表扬，利利非常高兴地说："以后我一定会在作文上多下功夫的。"果然，利利的作文写得越来越好，有几次居然得了满分呢，这令爸爸非常高兴。

通过多次的心理研究，人们发现如果某种日常行为总是被忽视或抑制，那么在生活中再遇到这种行为时人们就会自觉地尽量回避；反之，如果某种日常行为总是被关注或赞赏，那么在以后日常生活中人们就会更多地做出这类行为。这就是"强化"所产生的效应。孩子的教育更是如此，孩子有不良的行为习惯，父母对此抓住不放往往起不到教育的效果，反而会加重孩子的恶劣行为；如果对孩子的良好习惯不断关注，那么孩子往往会在这方面表现得更好。有关心理专家建议，多发现孩子在生活中的良好表现并经常给予表扬，就可以使孩子的良好行为得到强化，并会逐渐形成越来越多的良好行为习惯。因此，我们可以对孩子的负面行为表现出视而不见的样子，平时尽量少关注，只要将正确的方式告诉他之后，不要再与他多说这方面的事情，然后耐心地等着，如此，就算个性很倔的孩子，也会在潜意识里慢慢接受父母的建议。

可以说一个小小的习惯就能反映出一个人的精神面貌，还可以从中看出一个人是什么样的人。良好的习惯会让人终身受益，但不良的生活习惯则会影响一个人的良好发展。对于孩子而言，他们正是塑造习惯的最佳时期，既能学好也能学坏。所以孩子能养成什么样的习惯，正是父母教育的结果。孩子所表现出来的任何行为与习惯，都与他周围的人如何对他进行引导与教育有关，因为他们的很多行为都是看周围人的反应而加强或消退的。孩子能养成什么样的习惯，都掌握在家长的手中。那么只有做一个有心的家长，培养孩子一些良好的生活习惯，才称得上是

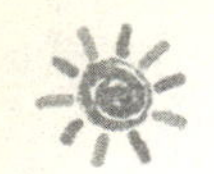

一位合格的家长。

心理能量

习惯能反映出一个人的精神面貌，还可以从中看出一个人是什么样的人。良好的习惯是一个人一生用之不尽的财富，不良的习惯则会毁了一个人的一生。因为习惯主宰着人生，所以让孩子摒弃不良习惯，维持良好的习惯，是我们教育方法的首选。

第3节 “棘轮效应”：孩子也应该学会勤俭节约

“再苦也不能苦孩子”这句话相信很多父母都深有感触，也表现了我们对孩子无限的疼爱与关怀。宁愿自己吃再多的苦、受再多的累，也不能让孩子吃苦受累，无论自己多么省吃俭用也要让孩子过上好生活。但是这样会不会使孩子养成骄奢淫逸、奢侈浪费的性格呢？恐怕很多父母都没有过多考虑过这一点。我们国家有句古话“成由俭，败由奢”，这个朴素的真理想必大家都能理解，而且它在任何时期都很适用。当我们舍不得孩子吃一点苦而逐渐让他们养成大手大脚、奢侈享受的习惯以后，那么孩子离失败也就不远了。因此，不管我们的生活条件有多么的优越，也应让孩子从小养成勤俭朴素的生活作风，让他学会吃苦头、受劳累，品尝生活的来之不易，以免使孩子应了“棘轮效应”，难以应付生活中的困难和挑战。

“棘轮效应”是美国经济学家杜森贝提出来的，这个效应是出于人的本性，是人与生俱来的“欲望”。杜森贝说一旦人的消费习惯形成之后往往只易于向上调整而难于向下调整，因为它会产生很强的不可逆性，也就是说消费情况只可维持或增加，很难减少，其习惯效应较大。那些一向过着奢侈生活的人，即使自己的收入大大减少了也往往会继续保持之前那种较高的消费标准，而不能一下子就降低自己的生活水准。所以一个人绝对不能过度地贪求奢侈，一定不能放纵，特别是孩子，一旦发现他有了过度奢侈的欲望，就必须加以节制。这样并不是苛求孩子为我们省一点钱，而是为了让孩子从小养成勤俭节约的习惯，并使他们懂得每一分钱的来之不易，这不但是一种可贵的教育观念，更有利于孩子未来的成长和发展。

美国美孚石油公司的创办人约翰·戴维森·洛克菲勒，不但是美国实业家、超级资本家，还是世界上第一个亿万富翁，有着雄厚的资产与经济实力。不过如此富有的人却认为富裕家庭的孩子更不能娇惯，因为生活在

充裕的物质之中的孩子，比普通人家的孩子更容易受物质的诱惑，所以在儿女们的日常生活上，他总是表现得很苛刻，总是给他们与普通孩子一样多的零用钱，而且还是根据孩子的年龄来给：七八岁时每周30美分，过了十岁每周才1美元，到了12岁以后，每周才给2美元，并且每个星期只发放一次。这样钱怎么花就需要孩子自己精打细算，洛克菲勒还给每个孩子发了一个小本子，要他们把自己的所有支出都详细地记录下来，到领钱时要交他审查，如果发现孩子们花钱的用途不当下次就会减少给他们的零花钱，这样孩子们不得不养成了节约的习惯。即使后来孩子都上了大学，洛克菲勒仍规定他们的零用钱不能超过一般人家的孩子。

为了让孩子们理解到金钱的来之不易，让他们认识到只有劳动才会有收获，他就吩咐孩子通过做家务来多挣取零用钱。他规定：逮住一只耗子，可得5美分；捉到100只苍蝇，能得10美分；背柴、垛菜、拔草等都能得到一定的奖励。通过这样的教育，孩子们在很小的时候就拥有了经济头脑与智慧，他的二儿子与三儿子在十一二岁时就合伙养兔子，以赚取自己的零用钱。这两个儿子长大后很有出息，三儿子劳伦斯创办了新兴工业大集团，二儿子纳尔逊曾担任过美国的副总统。

有这样一句教育名言：“除了阳光和空气是大自然的赐予，其他一切都要通过劳动获取。”是的，不劳而获的东西是没有价值的，它往往很快就会被挥霍掉。

对孩子过分疼爱与娇宠，满足孩子的一切要求与条件，并不是一件好事。孩子一旦养成挥霍无度、贪图享受的习惯之后，就不懂珍惜物质的可贵，更会强烈地拒绝“吃苦”。因此，为了孩子能拥有健康的心理去成长，对孩子的奢侈行为一定要有所节制。比如，当孩子看到别的同学要了一个名牌手机自己也想要时，可以告诉他现在正是集中精力学习的时候，没有必要用那么好的物品，等自己长大能挣钱了，再去买昂贵的东西。平时在生活中也可以告诉孩子要注意行为节约。比如，每次用完水后，要马上将水龙头关紧；晚上打开灯后要做到人走灯灭，随手关灯；每次吃饭时不要盛得太多，不要经常剩饭剩菜；还没写完的作业本和纸张，不要轻易丢弃；还可以用的物品，就不要随便丢掉；等等。教孩子量入为出，明白

花钱要看支付能力如何，从而养成勤俭节约的好习惯。

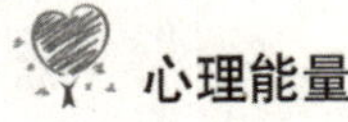

心理能量

成由俭，败由奢。孩子一旦养成挥霍无度、贪图享受的习惯之后，也就离失败不远了。因为一个不懂珍惜物质的人，内心就会强烈地拒绝“吃苦”，不思上进，这个样子又怎么能取得成功呢？所以为了孩子能拥有健康的心理去成长，应早些使孩子养成勤俭朴素的生活作风，对奢侈行为一定要有所节制。

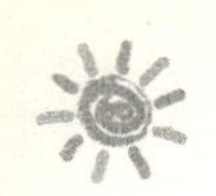

第4节 “斯万高利效应”：孩子悲观绝望时怎么办？

每一个人的一生都不可能是一帆风顺的，尤其是在今天这个高度信息化的时代里，过多的文化知识需求导致了过分紧张的生活，也不由分说地给我们的思想带来了很重的压力，而这些压力一旦没有得到及时或合理的疏导就会积久成疾，从而形成一些不良的心理问题与心理疾病。特别是孩子更容易因为一时的想不开或情绪低落，从而形成悲观消沉、绝望厌世的不良心态。如不及时疏导往往就会产生心理上的“斯万高利效应”，而一旦形成恶性循环，后果就很严重。比如，有些孩子在困难、挫折面前一碰就碎，轻易抛弃了自己可贵的生命。所以说悲观的心理非常可怕，它往往会衍生绝望的情绪，从而令人产生一些想不开的念头。家长平时一定要多关心孩子，多了解孩子的心情，当发现孩子有悲观的心态时，一定要及时帮他排解，使孩子尽快振作起来。

在美国的亚利桑那州的一次博览会上，有人展示了一副看似简单却又让人着迷的牌。展示者先将这副神奇的牌摊开，让大家很清楚地看看每张牌的牌面都是不同的，然后他随便找一个观众，请他任意抽出其中的一张牌，再让观众自己看看这是一张什么牌就可以了，不必告诉展示者。假如抽的这张牌是红桃K，只要随意地将这张牌塞回到整副牌中即可。之后展示者就开始洗牌，而且洗牌时很随意，并没有玩什么花样，但洗过之后洗牌者大叫一声“斯万高利”，就将整副牌摊开了，这时观众看到每一张牌都变成了红桃K。这就是著名的“斯万高利效应”，当一个人受了打击而心情悲伤时，如果不设法及时疏通或排解，这种痛苦的心情就会像神奇扑克牌中被抽中的那一张红桃K那样，迅速地繁殖、增强，使消极的情绪扩张。这时悲伤者的精神就会蒙上一层厚厚的失败阴影，在他的眼里整个世界都变成了灰色的。于是在这种绝望的情绪之下，往往就会做出极端的事情。如果孩子是个性格悲观的人，当他遇到了打击或不如意的事情时，

总会表现得过分悲伤，他们第一时间想到的往往就是消极糟糕的一面，这时父母一定要及时疏导，千万不能让孩子将委屈憋在心里，尽量让他把不良情绪发泄出来，并给予安慰与开导，以免孩子意志消沉，对前途丧失信心。

华敏10岁了，读小学四年级。今天他从学校回到家一副闷闷不乐的样子，见了妈妈也没有说话，就一头扎在床上，并用被子蒙住头。看到他这个样子，妈妈感觉有点奇怪，虽说这孩子最近这一阵子都有点不爱说笑，但也没有像今天这样神情落寞。于是妈妈就问："敏敏你怎么啦？"华敏没有回答。

"怎么了孩子，发生什么不高兴的事了吗？"妈妈坐在床前轻声地说。

"妈，你说我的人生是不是太悲惨了？"华敏掀开被子对妈妈说。

"怎么这么说呢？像你这么大的人不正处在快乐幸福的生活之中吗？"妈妈说。

"还快乐呢，我今天都快倒霉死了！"华敏嘟着嘴，一脸悲伤地说。

"哦，天！到底怎么了，说说看？"妈妈说。

"今天老师叫我'爬黑板'，我心里一紧张将得数写错了，本来这道题我是会做的。可是老师不容我解释，就狠狠地批评了我一通，弄得全班的同学都在嘲笑我；好不容易熬到下课，我刚走到教室的门槛，就摔了一跤，跌得我的腿好痛；放了学吧，我骑自行车回家，还没走多远自行车的链子就坏了，害得我只好推着自行车步行。妈妈你看发生的这些事情，我的人生是不是注定要充满坎坷呀？"

听了华敏这一番"悲伤"的经历，妈妈沉思了一下说："哦，这一天中遇到这么多麻烦的事情确实是令人心烦的。不过这些都是属于特殊情况，偶尔碰巧了而已，不是每天都会发生的。"

"可我就是觉得别人都比我幸运，这个世界上只有我是个倒霉蛋。"华敏说。

"怎么会呢？其实你也是个很幸运的孩子呀。比如，我和爸爸都那么的爱你，把你当作我们最可爱的宝贝，难道你没有感觉到这样的幸福吗？

你想想，与孤儿院的或者没有了爸爸或妈妈的那些孩子相比，你的生活有多快乐啊！还有那些生病的或身体残疾的孩子，他们可是远远没有你幸运吧？所以无论生活中发生了什么事你都不能悲观、逃避，想想那些不如你的孩子，他们是多么的可怜，但他们却能够顽强而快乐地生活下去。像你这么聪明的孩子遇到难题更应该勇于面对，只有做一个坚强的孩子，多帮助别人，才能发现生活中有很多快乐与美好的事情。”妈妈说。

“妈妈，你说的似乎有道理。对了，我忘了告诉你今天我的车子坏了是我的同桌丁林跟我一块推回来的，现在我才发现他是我最好的朋友。”华敏说，这时他的情绪缓和多了。

“看，我就说吧，生活中值得高兴的事儿多着呢。其实，要不是车子坏了，你还不明白朋友之间的友谊呢。还有要不是你‘爬黑板’时没做对题目，老师批评了你，那你还不了解自己有个做事马虎的缺点呢。”妈妈说。

“呵呵，就是哈。”华敏高兴地说，这时的心情有些开朗了。

“嗯嗯，所以说嘛，什么事都不是绝对的，要从多方面来考虑，不能总认为事情糟透了。要知道‘福兮祸所伏，祸兮福所倚’的道理，任何事情都不是绝对不幸的，凡事要想开一点，只要你心中充满快乐，再坏的事情也会有转机的。再说每个人在生活中都会遇到很多不如意的事情，困难和挫折是对人成长的一种磨炼，关键是你如何看待它。事情发生后不要去考虑它坏的那一面，而是去寻找它好的那一面，你就会成长为一个乐观而坚强的孩子！”妈妈说。

“你说的对，妈妈。现在我才明白了困难和挫折是人成长的阶梯，以后会勇敢地面对它。”华敏坚强地说，现在他终于放下了心中的不快。在妈妈的引导下，他逐渐成为一个乐观而开朗的孩子。

家长要想改变孩子的悲观性格，平时一定要注意观察孩子，多关心孩子的思想情绪，要时常向孩子灌输乐观的思想。当发现孩子有不如意的事情时要及时鼓励他把心中的苦水与郁闷说出来，帮助孩子克服所遇到的困难，帮他化解悲观情绪，帮孩子减轻心理负担，帮他排除心理障碍，让孩子看到光明的一面，教育孩子凡事多往好处想，让孩子学会自我调节，从

而使孩子保持乐观的情绪。此外还要为孩子提供温馨、和睦的家庭环境，不要经常训斥孩子，不要处处否定孩子，让孩子经常保持愉快的心情，才能引导孩子以积极乐观的心态去对待身边发生的一切事情。

心理能量

悲观失望的心理会严重影响孩子的健康成长，家长一定要及时化解孩子的绝望情绪。遇到不好的事情后要多帮助孩子去寻找不幸背后的幸运，以激发孩子的积极情绪，使他乐观地投入到生活之中。

第5节 "杜根定律"：如何让孩子从自卑走向自信？

充满自信的人总是精神饱满、敢作敢为的。自信是一个人做事的动力。一个人只有信心百倍，做起事来才可以胸有成竹，才可以去挑战那些别人不敢做的新事物。而缺乏信心的人遇到一点困难往往就会畏缩不前，更不敢正视挑战，也就容易与成功无缘。所以自信对一个人的成长非常重要，尤其对于孩子，只有满满的自信才是他们走向成功的前提。从小培养孩子的自信心非常重要，特别是发现孩子经常表现出落寞或自卑的情绪时一定要多关心他。因为这种情绪是不健康的，不但会影响孩子自信心的建立，还会影响其良好性格的形成及以后的发展，所以这时千万不可以再给孩子施加压力，而应帮助他摆脱消极的心理。可以运用心理学上的"杜根定律"，帮助孩子树立起应有的自信。

美国橄榄球联合会前主席D.杜根曾经提出这样一个说法——信心决定成败。他说："强者未必是胜利者，而胜利迟早都属于有信心的人。"也就是说，只要你有自信就算开始时你不是最好的，但到最后你也能成为最好的，这就是心理学上的"杜根定律"。关于这个理论，美国哈佛大学曾派研究人员进行了一次专门的调查，发现一个人能否胜任一件事只有15%的因素取决于他的智力，却有85%的因素取决于他的态度。假如这个人满怀自信，他就会用充满把握的态度将这件事情做好；反之，如果这个人很自卑，那么这种消极的情绪就会扼杀他的聪明才智，使他没有意志力将事情做好。这就更充分地说明了：一个人的成败主要取决于他的自信心！

一位智者说："人人都可以成为天才。"人是最伟大的动物，人可以创造一切。而我们每个人都有着与众不同或优胜于他人的地方。任何一个人、任何一个孩子都蕴藏着巨大的潜能，都有一双能创造奇迹的手来创造这个多彩的世界，而这个奇迹需要我们充满自信地去创造！所以父母一定要多了解和关心孩子，当发现孩子缺乏自信、表现得很自卑时一定要及时

帮助他。一个自卑的孩子往往不敢面对现实与他人，走路时总是低着头，挺不起胸膛，长时间下去不但会使脊背的骨骼变得弯曲，心灵也会变得扭曲起来。这样不但会影响孩子的身心健康，还会妨碍孩子的发展，因此，我们一定要帮助孩子点燃自信的明灯，让孩子昂起头来做人。

今年才11岁的小倩是个自卑的女孩，她总是认为自己很“无用”，眼看着下个学期就要面临中学入学考试了，她却对升入初中一点自信都没有，尤其是这学期的期末考试之后，她对学习简直是不抱任何希望了，竟然拒绝再去上学。妈妈无奈，就让在外地工作的爸爸回来想办法。爸爸得知小倩不想上学后感到非常吃惊，就带着她一起去请教她的班主任。到了老师的办公室里，小倩说：“面对考试一次又一次的失败，我非常害怕，尤其是这次让我更加失望。我满以为经过这么多天的努力这次一定会考个好成绩，可是万万没想到还是考得一塌糊涂。不但同学嘲笑我考得不好，就连妈妈也说我‘这次又没考好，看你怎么办，真是没用的笨孩子’，想想我的人生还有什么意思呢？这次考试成绩对我来说是最沉重的打击，我彻底丧失了对学习的信心，我真的是太笨太没用了，我再也没有勇气和力量去好好学习了……”小倩一边说一边哭，泣不成声，爸爸与班主任听了都很心痛。但又觉得小倩这孩子小小年纪，不应该有如此灰暗的心理啊！

后来，班主任感觉到小倩学习是很辛苦，但主要是她的情绪太消极了，试想一个连自己的妈妈都嫌弃自己笨的孩子能不自卑吗？所以小倩眼中的世界似乎就是一片黑暗，没有任何事情能使她感到生活的美好。班主任就教育小倩的爸爸，要想改变小倩的精神状态，父母一定要先改变自己，尤其是她的妈妈不要再动不动就说她笨，更不要指责她这做得不好、那做得不行，因为孩子的好成绩不是靠抱怨与责骂而来的。对孩子应多鼓励、赞赏，多表扬她的长处，以培养她的自信心。等孩子发现了自己的优点后，她就会心中充满自信，这时她才可以快乐地学习与生活。听了小倩班主任的一番话，小倩的爸爸顿悟了。从此以后他与小倩的妈妈不再责怪小倩的不足之处，而是经常表扬她的长处：夸她字写得工整，衣服穿得整齐，称赞她是个有礼貌的孩子，夸她的作文写得好，夸她说话的声音很好听……这样，在爸爸妈妈的夸奖与表扬之下，小倩慢慢地觉得自己也是一

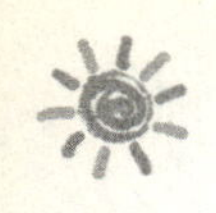

个很优秀的人，于是就努力地使自己的表现越来越好，在学习上也越来越努力。半个学期下来，她的成绩有了很大的进步，竟然赶上班里中等水平的学生了。这令爸爸妈妈非常高兴，特地为她好好庆祝了一番。这无疑更加增强了小倩学习的信心，从此她就更加努力用功。最后，竟然顺利地升入了一所不错的中学呢。

在一次有关心理学研究的调查中，发现约有75%的孩子都有或轻或重的自卑心理，而其产生的原因大都是来自家长的负面评价。由此可见，父母或其他家长们也应该改变一下不良的教育方法与方式了。要知道孩子毕竟是孩子，他们身上肯定会存在着这样或那样的不足，纵然孩子有再多的不对，我们也不可以经常批评、否定他们，更不可以对他们的缺点进行指责。一味地贬低与责骂会给孩子幼小的心灵带来极大的打击与伤害，会使他对那些本来可以改正的缺点因为我们指责或侮辱而失去改正的信心。

一个明智的家长指出孩子的缺点时要讲究艺术，要多采取表扬或欣赏的方式来教育孩子。其实，只要我们有爱心就不难发现再不优秀的孩子身上也会有几处优点。比如，有的孩子脑袋很灵活，有的孩子数学学得很好，有的孩子能歌善舞，有的孩子作文写得很好，有的孩子擅长绘画，有的孩子字写得好，有的孩子善于制作……那么作为父母，我们应当善于取孩子之长、补孩子之短，多引导孩子发挥自己的长处，摒弃自己的短处，如此孩子心里的自卑情绪就会慢慢消除，从而扬起自信的风帆！

心理能量

一个连自己都不信任的人是无法获得成功的，尤其是孩子，只有当他具备足够的自信心，才会有所行动，才能产生激情，才能使自己的智力得到充分的发挥，才能无所顾忌地发展自己的兴趣与长处。所以，只有足够的信心才可以使孩子走向成功。

第七章

当孩子遭遇失败时——挫折心理

人生的路上难免会有坎坷与风雨，也就免不了要经受磨难与打击。父母如果不愿意让孩子经受一点点磨难与挫折，孩子就很难坚强起来，而且在一帆风顺中长大的孩子，他在人生的道路上也很难创造出辉煌的业绩。我们应该带孩子进行一些具有挑战、磨炼作用的活动，培养孩子良好的承受挫折的能力，磨砺坚强的意志，以增强他的生存能力和心理素质。因此，从小给孩子一定的“挫折教育”或“耐错教育”是很重要的一课，让孩子学会永不服输、永不言弃，跌倒了再爬起来继续前进，这样才能使他经得起未来的风风雨雨！

第1节 "态度效应"：如何看待孩子的成绩？

"上次考试第十五名，这次竟排在了前三名，儿子你真了不起！照这样学习，上名牌大学肯定没问题啦。""上次考试前三名，这次才考个二十名，你是怎么搞的？怎么越学越差啦？如果你再考不好，就不用上学了！"大部分家长应该都很熟悉此类谈话。我们常常会发现许多父母在看到孩子的功课或测试卷子时，第一眼就是看成绩。如果孩子的成绩上升了，那么一定会大大地表扬孩子一番，或者再加上一定的物质奖励；但如果孩子的成绩下降了或是没有达到自己期望的标准，这时某些脾气暴躁的父母往往会对孩子一阵大骂，甚至大打出手，觉得孩子简直就是笨蛋一个。可想而知，在这样的情形之下哪个孩子会不惧怕考试呢？在考试时又怎能保持愉快的心情去超常发挥呢？并且这样一来孩子就会对考试产生一种紧张、畏惧以及自卑的心理，从而影响正常的学习或健康成长，情况严重的孩子还会心生自暴自弃的念头，甚至出现"意外"事件，事后令父母追悔莫及。因此，不论孩子发生了什么事情，家长都要注意自己的态度与言行，特别是对待孩子的学习成绩时一定要用平和的心态来看待。

心理学家曾做过这样一个实验：先在两个房间的墙壁上全都镶嵌上镜子，然后在两个房间里分别放进一只大猩猩。所不同的是一个大猩猩性格暴烈，另一个大猩猩则性情温顺。那只暴烈的猩猩进入房间后看到镜子里面那些面目狰狞的"同类"时，立刻就被激怒了，于是它就与镜子里的那些"猩猩"展开了激烈的厮斗……三天之后，实验人员发现它已经死亡了，经检查发现它的死因是气急败坏引起的心力交瘁。但是，三天后当实验人员去看那只温顺的猩猩时，发现它正在奔跑嬉戏，一副很快乐的样子。原来它进到房间后看到镜子里的那些"同伴"，都对自己非常友好，于是它很快融入这个"群体"之中，与大家的关系十分融洽并和睦相处，当实验人员要将它牵出房间时，它还恋恋不舍地一步三回头呢。

上面这个实验产生的现象就是心理学上讲的“态度效应”，这个效应告诉我们人人心里都有一面镜子，你对它笑它也会对你笑，你对它哭它就会对你哭，所以是笑还是哭都取决于我们自己的态度。而且这种态度决定了我们所做的任何事情的成与败，比如家庭教育。面对成长中的孩子，如果我们经常给他亲切、和蔼的态度，孩子也会用亲热、可爱的样子来回报我们，这样我们不但可以快乐和谐地相处，还能使孩子高兴地接受我们对他的教育方式和方法。所以要想使孩子不断进步，我们就要用良好的心态去对待孩子，而不是经常板起脸来教训他。

李伟已经是小学六年级的学生了，再过半个学期他就要升入中学了，所以这是他学习的一个关键时期。这时爸爸妈妈对他的学习成绩要求很高，希望他能考进重点中学。可是当爸妈期盼着他获高分的时候，这天李伟却一脸沮丧地从学校回来了，并且还将所有的学习用品都带了回来。爸爸妈妈很是诧异，想问个究竟，不料李伟却冲他们大吼道：“别问了，都是你们害的！”

李伟失学了，是因为学习问题被学校开除的！这是为什么呢？爸爸妈妈百思不得其解，可是究其根本原因还就是出在他们身上呢。原来李伟从小就是个聪明的孩子，老师与同学们都觉得他很可爱，老师说只要家长能对他稍加引导与培养，长大后李伟就会很有出息。可是李伟的父母却没想到这些，他们一个个都忙于自己的交际，每天晚上不是去酒吧就是开舞会，心里根本就没想到要教育孩子，认为自己的儿子这么聪明，交给老师教育就行了，只要孩子能考出好成绩一切都万事大吉了。可是当他们在灯红酒绿的舞会上玩得开心的时候，他们的儿子也在游戏厅里玩得不亦乐乎。这样一个学期下来李伟的成绩自然就很差，考了个全班倒数第一。爸爸妈妈一看儿子的分数大为恼火，二人不分青红皂白对李伟就是一阵拳打脚踢，并且还将儿子一个人关在了家门外边。那时候李伟才九岁，就一个人在家门口度过了一个晚上。他们以为这样儿子以后一定会好好学习，考出好成绩。

之后李伟的成绩是提高了，但却不是努力学习得来的，而是每次考试都作弊，不是抄袭同学的就是偷着看书，这样分数自然上去了。这样也使

他免去了一次又一次的打骂，而且爸爸妈妈再也没有罚他一个人在家门外过夜了，还经常奖励他一些好玩的物品。但是，这样一来李伟就养成了抄袭的习惯：每逢考试都要作弊，被老师发现警告过几次后还是我行我素，因为不抄袭他就考不出好成绩。这次是小学里最后一次的期中考试，他又作弊了，不料被老师抓了个正着，对此班主任与其他老师都非常生气，觉得李伟简直是陋习难改，认为这样的行为到小升初考试时没准会给学校丢脸，于是就将他开除了。

龙生九子各不同，每个孩子都有他自己的天赋与秉性，都有他自己的成长方式。所以父母不能对孩子的行为要求太苛刻，尤其是看到孩子考取的成绩后要保持平和的心态。许多父母要求孩子的学习成绩很优秀，若是孩子某次的成绩不够理想往往就会对孩子劈头盖脸地一阵大骂，就像上文的那对父母那样，他们不认真地反思自己的行为对孩子的影响，反而对孩子过分地责备，结果使孩子产生了不健康的心理与行为，从而延误了孩子一生。因此，如果家长过于看重分数，只能进不能退，孩子一次或两次考得不好就将他骂得一无是处，对其严厉责备，这样在不知不觉中就做得过分了，往往会影响到孩子的健康成长。所以优秀的家长一定要注意自己的态度，对孩子的成绩既不能放任不管也不能过分期待，而应保持平和的心态。当孩子学习成绩较差时也要对孩子有信心，告诉孩子今后发愤努力即可，并且还要理智地承认孩子的个体差异，不能简单地在孩子与他人之间做横向比较，以免挫伤孩子的自尊心。

郑女士说自己的女儿小敏虽然长得漂亮可爱，但却是个智力开发较迟的孩子，从上小学开始各门功课考试的成绩一直都不好。但是，每次女儿将成绩单交给她的时候，她总是鼓励她，告诉女儿成绩考得好与坏没什么关系，只要知道努力就行了。通常她总是问女儿在这一段的学习过程中是否尽力了，如果女儿回答自己在努力，她就会奖励女儿一盒巧克力。久而久之，“一盒巧克力”已成为女儿汇报考试成绩的暗语。一天，上二年级的女儿从学校回来，怯生生的样子，对她说：“妈妈我的数学只考了55分，你会生气吗？您看卷子上有很多错误的地方呢。”“没关系，妈妈不

生气。因为错误也是一种资源，今天的遗憾将会变成明天的经验，不是吗？只要你以后不出现同样的问题就行了。哦，我看这次的试卷很整洁，字迹也很工整，所以妈妈就奖励你一盒巧克力。如果能再努力一些，妈妈就会更高兴了。”

“妈妈，我这次数学考了88分，你看可以吗？”一天，女儿这样对她说。“祝贺你！分数并不是最关键的，只要你努力了，妈妈就高兴，下午妈妈去超市买一盒你最爱吃的巧克力。”这时小敏已经上小学四年级了。从开始上学时屡次考试不及格，到现在成绩正稳步上升，小敏已经快接近班里的优等生了。就这样不知不觉两年过去了，小敏快要升中学了。一天放学回来，小敏小心翼翼地说：“妈妈，这次我的英语考试才得了61分，这次您就不要再给我巧克力了。”“为什么呀，小敏？无论成绩如何妈妈都会送你一盒巧克力的。你考得好，巧克力是妈妈对你的奖励，考得不好，巧克力是妈妈对你的鼓励，都是对你付出努力的肯定和激励。”郑女士爱怜地摸了摸女儿的头说。“谢谢妈妈，我还以为您要责骂我呢。”女儿说。“怎么会呢？敏儿，你不用这么紧张，只要你一直很努力，妈妈就已经知足了。其实我们学习的最终目的是为了掌握更多的知识，而分数的多少则是次要的。每一次考试只不过是对学生在一段时间内的学习情况好坏的检验和总结，并没有什么特殊的意义，所以你不要给自己太大压力，心情一定要放轻松点……”就这样，小敏每次考试时心理素质都很好，考完后总是主动地去寻找没做对的原因，总是力争下次记牢它，这样功课学得越来越扎实。慢慢地随着年龄的增长，小敏的智能也被一步步地开发出来了。到了小升初时，小敏的各科成绩都名列前茅，最后以优异的成绩进入了重点中学。

家长要求孩子积极上进的心情可以理解，但孩子的学习成绩并非是最重要的，培养孩子优良的品质才是关键。当孩子将成绩单交到我们手里时，我们既不能与孩子的同学做“横向比较”，亦不能做“纵向比较”，以免伤了孩子的心，所以注重对孩子的教育方式很重要。孩子取得优异成绩固然可喜，但较差的成绩也并非意味着孩子愚笨，很多时候成绩只是一时的水准，根本不能作为评估孩子能力大小的依据。三百六十行，行行出

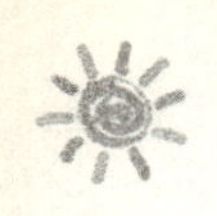

状元。只要孩子健康快乐地成长，不断努力地吸取有用的知识，将来就一定能在社会上找到属于自己的位置。

父母一定要明白只要孩子能快乐地学习，分数的多少实在算不上什么。当孩子的学习退步时，家长首先要做的是帮助孩子找出成绩不理想的原因，语气平和地问孩子是因为学得不踏实还是由于粗心，然后根据原因帮助孩子争取在下一次的考试中克服前一次考试中所犯过的错误，这样孩子才能快乐地学习，才能成为学习的主人。在孩子的成长过程中，考试的次数可谓数不胜数，偶尔几次较差的成绩实在算不了什么。但孩子性格的形成、好心态的培养，却会决定孩子一生的命运，所以我们一定要轻松对待考试，用平和的心态对待孩子所取得的成绩！

心理能量

人的身体是心灵的一个“载体”，一个人只有心灵足够强大才能成为真正的强者。所以我们应注意保护孩子的自尊心，多呵护孩子的心灵。要明白身体的成长是自然的结果，而心理的成长才是我们教育的真正目的。当孩子表现不佳时不要“揭短”，而要多谈孩子的优点和长处，尤其是当孩子成绩下降时不应一味训斥，而应点拨不足，恰当地提出孩子改正的方向，帮孩子走出“困境”，以利于孩子的心理健康地成长。

第2节 “激励效应”：孩子成绩后退时怎么办？

看看我们周围有多少望子成龙的家长，为了孩子的学习成绩，在学校旁边买房或租房以改善孩子的生活条件；一些家庭条件好的往往会高薪聘请专业老师给孩子做特别的学习辅导；还有的家长不惜重金把孩子送进重点学校；等等。可以说所有的家长对孩子的学习都是煞费苦心……但是，当孩子的成绩单发下来的时候许多父母都表现出了一种错误的行为：在孩子和分数之间他们选择了分数，看到孩子的成绩进步了就喜上眉梢；看到孩子分数下降了就认为孩子没好好学习，枉费了自己的一片苦心。其实学习成绩只是孩子在成长道路上的一个方面的反映，若父母对孩子学习成绩的看法不当则会对孩子产生巨大的不良影响。比如，看到孩子的成绩进步了就认为孩子是好孩子，知道下功夫学习了，于是对孩子的各种奖励接踵而来；反之，当看到孩子的成绩退步了，就认为孩子“不争气”“不用心”或“没出息”，从而恶言相向，无情地打击孩子的自尊心与自信心，这样不但对孩子的退步于事无补，往往还会使孩子更加没有上进心。

有个富翁请了一位厨子给家里做饭，这个厨子厨艺不错，尤其擅长做“烤鸭”，凡是吃过这道菜的人无不称赞。可是厨子来富翁家里很长时间了，富翁却从来没有赞扬过厨子的手艺。而他也奇怪地发现厨子每次给他做的烤鸭都只有一只腿，心里很是纳闷：另一只腿哪里去了呢？这天吃饭时富翁看到端上来的仍是一只腿的鸭子，就不高兴地说：“你烤的鸭子为什么都只有一只腿呢？”“鸭子本来就只有一只腿嘛！”厨子回答说。“胡说！哪有一只腿的鸭子，它们明明都是两只腿啊！”这时厨子推开窗子，请富翁向外面的水塘边看去，并说：“你看！鸭子真的只有一只腿嘛！”这时富翁看到水塘边有一群正在打盹儿的鸭子，它们缩起了一只腿，只用一只脚伫立着。这时富翁赶紧用两手使劲地“啪啪……”拍了几

下，顿时鸭子被掌声惊醒了，纷纷慌忙地伸出另一只腿，四下张望着。“你看每一只鸭子都有两只腿吧！”富翁得意而威严地说。“没错！如果吃烤鸭的时候，您也能像刚才那样鼓掌称赞一下，那么烤鸭也会有两只腿了。”厨子不慌不忙地说。从此每当吃烤鸭时，富翁都会称赞它的味道鲜美，而他每次吃的烤鸭也都有两只腿了！

我们每个人都喜欢得到他人的称赞，而不喜欢受到他人的指责，孩子也是一样。如果我们想要孩子处于最佳的学习状态，最好的办法莫过于多对他进行称赞和激励。从上面这个故事中我们也不难发现激励对每个人都是非常重要的，富翁之所以后来能吃到两只腿的烤鸭，就是因为他实施了激励的方法，这就是心理学上的“激励效应”。这个效应也称“牛蝇效应”，它是美国前总统林肯少年时悟出的一个道理：要想让牛走得快，必须有刺激物给予它足够的刺激，以促进其前进。如果将它适当地应用在家庭教育中，就能很好地提高孩子对学习的积极性。有人说：“白天鹅总是受到人们的百般呵护和赞美，但丑小鸭也同样需要人们的关怀和赞美。”所以好孩子是夸出来的，不管是哪个孩子，不管他的成绩如何，他都需要我们不断地赞美和激励来激发内心的学习动机。

今年十二岁的耀耀已经是小学六年级的学生了，从上学开始他一直都是优等生。但是，眼看明年就要升初中了，他的学习成绩却下降了，这次测试他的总成绩在班里排第十五名，这个成绩虽然对升入初中没什么问题，但如果想进入市重点中学可就有难度了，更重要的是怎么向父母交代呢？原来他的成绩在班里可是一直排在前十名的呀。放学后耀耀怀着不安的心情将自己这次考试的成绩告诉了父母，果然不出他所料，爸爸与妈妈都对他连连地埋怨，说照这样下去想进重点中学肯定无望了。而且爸爸与妈妈一个说他不懂事，在这升学的关键时期竟然退步；一个说他这一段时间爱玩电脑，以后看电脑的资格给取消了。面对爸爸妈妈的抱怨与指责，耀耀真是有口难辩，心里乱糟糟的，也没有心思跟爸爸妈妈辩解。但到了下周一上课时，老师给同学们分析讲评试卷时，却说耀耀的总成绩虽然不如以前，但数学却比以前有所进步，还说耀耀的作文写得不错，本来可以

再加10分的，但由于这次考试规定作文不能给高分，所以总成绩才低了一些。耀耀本想将这个消息告诉父母，但想起他们先前的抱怨与指责，心里也就没有勇气将这小小的进步告诉他们了。此后耀耀的学习成绩一直都不太好，怎么都赶不上以前了。原来他再也不能像从前那样进入最佳的学习状态，爸爸妈妈越是指责，他就越是无法安心学习，最终他也没能进入重点中学。

家长多关心孩子的学习是理所当然的，但并非每一位家长都能使自己的关心成为孩子上进的动力或使孩子能更好地去努力，比如上文中耀耀的爸爸妈妈的关心就起了反作用。有关心理学专家认为，父母的这种做法很可能会阻碍孩子的积极转变，从而影响孩子下决心重塑自我。因为很多父母都不能正确地分析孩子的分数与成绩，而总是不理智地被表面现象所迷惑，最终害得孩子被误导而进入学习的误区。

生活中有很多家长都不了解考试时常常会有许多意想不到的因素影响分数的高低。有些家长会习惯性地比较几门学科分数的高低，试图找出孩子的弱点；还有的家长会过于重视同一门学科几次考试的得分差异，以此来断定孩子是进步了还是倒退了。可是他们却忽视了考试时还有很多因素会影响既得分数的可信度，比如阅卷的误差、试卷的难易、应试技巧、试题的质量、孩子考试的心理因素等。如果我们仅依据某次分数就来指责孩子的学习，无疑会使孩子失去学习兴趣，并且还会忽视孩子所遇到的困难，使孩子得不到真正的帮助，从而使问题长期得不到解决。

萌萌今年升入中学了，而且还是市里的重点中学。但是刚上中学的她面对学习科目增多的压力以及一个人在城市生活的不适应，使她觉得非常不安。一个学期过去了，她各门成绩都学得不理想，由入学时班上前几名的成绩一下子下降至二十几名，这令她非常苦恼，马上就要放假回家了，这样的成绩怎么开口跟父母说出来呢？回到家里一连几天萌萌都闷闷不乐，闭口不谈自己学习的事。可是细心的父母却看出了女儿的心思，猜想女儿一定是在学习上出了问题，不然女儿是从来不会向他们隐瞒成绩的。怎么办呢？萌萌的爸爸妈妈商量之后决定用关爱解开女儿的心结，帮助她

重塑自信。

这天是爸爸的生日，妈妈做了一桌子好吃的饭菜。开饭时妈妈对萌萌说："小萌，今天是爸爸的生日。为了让你爸爸高兴一下，今天咱们用英文祝你爸爸生日快乐好吗？""好的。"小萌说："Happy Birthday, Daddy."爸爸听了非常高兴，连声说"Thank you."妈妈又说："这句祝福说得更亲切些该怎么说呢？""哦，我想一下。对了，应该是这样——Happy Birthday，dear Daddy."小萌说。"哈哈，我女儿真棒！想不到这才刚上中学，就将英语说得这么好，如果以后多加努力一定会说得更加出色。"爸爸高兴地说。"是啊是啊，我们家萌萌一向就是优等生，这上了中学自然会更加优秀。就算现在有点学不好也没关系，这不是中学才刚开始吗？谁对新事物不得有一段适应时间呢？我想过了一段适应期我女儿肯定会越来越优秀。"妈妈接过话题说。"谢谢妈妈。其实这几天我一直想告诉你们这一段时间我的成绩不太理想……"萌萌终于敞开心扉向爸爸妈妈诉说了自己心中的苦恼。而爸爸妈妈不但没有指责她，反而给她很多安慰与鼓励，还帮她分析学习不理想的原因。后来又带她到书店买一些学习资料，并给她报了一个补习班，就这样一个假期过去后，萌萌的各门功课都有了很大的进步。开学后，萌萌的各门功课渐渐都能跟上了。又一个学期过去后，萌萌终于跃为班里的优等生。

其实，每个孩子的内心都想努力地做个好孩子，能有优秀的表现，能学出好成绩，从而能被人喜欢，能被人看得起。当孩子学习成绩后退或表现不佳时，需要的是家长的鼓励与帮助以平复内心的不安。因此，家长平时要细心观察孩子的表现，多捕捉孩子的优点与擅长的能力，从而在诸多不足中发现孩子的"闪光点"。即使孩子的某次考试很糟糕或是孩子的表现令人非常不悦，我们帮助他的最好办法仍然是以发展的眼光来看待他。孩子成绩退步的时候也是他最脆弱、最需要安慰的时候，如果得到的是一顿无情的训斥与埋怨，那么就会使孩子无所适从，使他脆弱的心灵更加受伤。最好的方法不是训斥孩子，而是好好地和孩子谈一谈。谈话时不要回避任何问题，但一定要心平气和。要知道只有"融进去"，才能最大程度地"诱出来"。所以父母要和孩子共同去面对成绩，和孩子讨论交流退步

的原因，然后鼓励孩子，让孩子鼓起勇气接受挑战。讨论时，父母的态度一定要和蔼，要没有任何压力地与孩子聊天，可以问孩子你最近感觉怎么样，有没有发生奇怪的事情，学校的情况好不好等，这样在围绕学习的愉快谈话中，孩子慢慢就会将全部情况告诉父母。

管子说“一年之计莫如树谷；十年之计莫如树木；终身之计莫如树人。”所以教育孩子需要从长计议。平时一味地批评与训斥孩子的这种教育方法无疑是最不得当的，没有找到原因就要求孩子扭转退步也是不可能成功的。那么家长如何帮助后退的孩子取得进步，让分数成为促进孩子学习的催化剂呢？以下几点教育方法可供参考：

1. 从诸多不足中发现孩子的“闪光点”。

成绩退步时，那种一棍子打死的做法是万万要不得的，这样不理智的行为只会扑灭孩子的希望之火，还通常会使孩子产生自暴自弃的念头。只有以发展的眼光看待孩子，才能对孩子有所帮助。父母可以从分析中发现孩子的进步，如孩子某次考试成绩的总分有所下降，那么再看其单科成绩有无上升的情况，如有这种情况一定要及时给予表扬，以充分发挥激励的功能。此外，要鼓励孩子学会克服困难，并且相信孩子通过自己的努力一定能尽快赶上。

2. 帮助孩子分析退步的原因。

知错能改，善莫大焉。如果轻易地放过那些绊倒我们成长进步的错误，则无异于纵容自己犯错。所以父母一定要指导孩子找出退步的原因，可以重新分析试卷，对失分的地方认真分析，从根本上杜绝试卷上的错题。要让孩子记住失败的教训，并总结出退步的原因和以后应该注意的问题，有时候失败的经验比成功的喜悦更加宝贵。

3. 知错后无需再指责。

对于有自责心理的孩子，不要再用严厉的批评来打击他的自信心，而应用温和的语气开导他，温暖的安慰比严厉的批评更有效果。相信很多孩子都会为自己的成绩不好而感到自责，这时候家长一定要学会克制自己的态度，不要表现出消极或抱怨的情绪，更不要将自己的情绪发泄到孩子的身上。这样只会使孩子陷入更深的自责之中，从而产生不健康的心理。父母最好的教育方法就是多鼓励孩子，告诉他失利是反省与挖掘自己潜能的

最佳机会，这样相信孩子一定会带着感激的心情自觉地去努力进取。

4. 给孩子一个恢复自信的温暖空间。

扮演好家长这个角色不是件容易的事情，让孩子顺利成长是我们最大的心愿。一个合格的家长不仅要以身作则教育孩子，还要学会在孩子情绪不好的时候巧妙给予引导，使孩子尽快振作起来。面对孩子考试的失败，我们不能妄加怀疑孩子的能力，应该告诉孩子要吸取教训，争取下次做得更好。要知道孩子也不想让我们伤心，为了我们高兴他们总想尽力地表现出自己优秀的一面。所以家长对孩子一定要大度与关怀，给孩子一个温暖的家、一个可以快乐生活的地方。只有这样，当孩子失利或犯了错之后，他才能从容地改过自新，才能重新鼓起勇气去努力进取。

心理能量

好孩子是夸出来的。“白天鹅总是受到人们的百般呵护和赞美，但丑小鸭也同样需要人们的关怀和赞美。”所以不管是哪个孩子，不管他的成绩如何，他都需要我们不断地赞美和激励来激发内心上进的动机。尤其是当孩子学习成绩后退或表现不佳时，更需要家长的鼓励与帮助以平复内心的不安，从而促使孩子不断地进步。

第3节 “遗忘曲线”：怎样提升孩子的记忆力？

父母都希望自己的孩子聪明过人，有超强的记忆力，有过目不忘的能力，可以快速地记住自己学过的所有知识，可事实上往往事与愿违。虽然有时候孩子学得很快，但过了一段时间之后往往就会基本忘记了。特别是当孩子背诵一些诗词、单词或公式之后更是很难记牢，在考试或应用的时候常常记不起来。为此很多父母都会认为孩子脑细胞不够发达，记忆力太差，从而大大地降低了对孩子的学习要求。其实从心理学的角度来说，孩子的记忆力也是思维方式的一种，更是一种天生的智力，因此，记忆力也自然有它的发展规律。一些心理学家认为，只要我们能找到这个规律的运转方式——“遗忘曲线”，就可以降低孩子对所学知识的遗忘程度，并能大幅度地提升孩子的记忆能力，从而使孩子更有效率地去学习。

德国心理学家艾宾浩斯曾对人的记忆力与遗忘做过专门的科学研究。他发现记忆力虽然是人天生的能力，但“遗忘”则是在人们刚刚学习之后就开始了。遗忘的进程还有一定的规律，并且不是均衡的遗忘。他还发现人的记忆在保持的时间上是不同的，有长时间与短时间两种。有的时候人们在学过或做过什么事情之后很快就忘记了，过了些时候也不能回忆起来或者记忆与再认有偏差，这些都是属于大脑遗忘。通过多次的研究与实验，艾宾浩斯发现了描述遗忘进程的遗忘曲线规律，见下表。

遗忘曲线规律

时间间隔	30分钟	1小时	8小时	1天	2天	6天	31天
保持的百分比（%）	58	44	36	34	28	25	21
遗忘的百分比（%）	42	56	64	66	72	75	79

从这个规律我们可以看出遗忘速度受时间间隔的影响，并且遗忘的速度是先快后慢。艾宾浩斯通过研究这个规律还发现，我们向大脑输入的信息在经过注意过程的学习后就会成为短时的记忆，过后如果能再进行一次及时的复习，那么短时的记忆就会成为长时间的记忆，从而可以在我们的大脑中保持很长的时间。对此有关人员也做过一个实验：

实验者找来一批学生将他们分为甲乙两组，并让他们学习一篇同样的课文。然后在学习后不久就让甲组的学生进行一次复习；而乙组的学生则不予复习。一天之后实验者通过测试，发现甲组学生对课文内容的记忆保持了98%，而乙组学生对课文内容的记忆只保持了56%；一周后再测试时发现情况又有了变化：甲组学生对课文内容的保持为83%，而乙组学生对课文内容的保持只有33%。由此可以明显地看出，甲组学生的记忆力平均值比乙组高，而乙组学生的遗忘平均值则比甲组高。

从上面的内容我们可以得知人的记忆力与遗忘都是有一定规律的，遗忘的规律是“先快后慢”，记忆的规律是“先高后低”，并且它们的进程不是均衡的。尤其是在记忆的最初阶段，脑细胞的遗忘速度最快，后来就会逐渐减慢；而到了相当长的时间后我们的大脑似乎就不再遗忘了，这就是遗忘曲线的规律发展。我们了解“遗忘曲线”之后就要帮助孩子做好学习的记忆计划。如果孩子对所学的知识不在一天后抓紧时间好好复习，那么这些知识很快就会被遗忘得所剩无几，因此，家长一定要告诉孩子隔几个小时复习一次与隔几天复习一次完全不是一回事，只有及时复习学过的内容才能提高记忆力。那么我们该如何帮助孩子制订合理的学习计划，减少遗忘、提高记忆力呢？下列方法可供参考：

1. 清晨记忆法。

有研究发现在清晨起床后的一段时间里，人不会受之前学习过的材料对识记的影响，也不会受回忆以后学习材料的干扰，因为这时是人脑细胞的一个记忆高峰期，所以这段时间非常适合记忆新内容或复习之前学习过的内容，并且还适宜学习一些难以记忆而又必须记忆的东西，如数学公式、英文单词等。因此，有心的父母一定要提醒孩子千万不要浪费这个提高记忆的黄金时间。

2. 理解记忆法。

人的记忆能力可以分为机械记忆和理解记忆。理解记忆是先理解学习的内容，之后再对内容进行记忆；机械记忆是在不理解学习内容的情况下反复对学习内容进行死记硬背。从记忆的效果来说，机械记忆远远比不上理解记忆的效率。因此，我们应该建议孩子学习时要尽量理解所学的内容，而不是简单地对内容死记硬背，只有将所学的东西理解透了，孩子才能背得快、记得牢。

3. 睡前记忆法。

根据艾宾浩斯的“遗忘规律”，我们对学习的内容最好能在24小时之内进行复习，晚上临睡前的这段时间正是提高记忆的最佳学习时间。这时对学习过后的知识稍加复习，便可以巩固记忆，并且由短时记忆转为长期记忆。而更可贵的是，在睡眠的过程中，我们的记忆能力并未停止，对刚接收的信息，我们的大脑会进行归纳、整理、编码及储存，从而进行更好的记忆。

4. 温故记忆法。

温故而知新。经常复习不但能让我们学到新东西，还会大大提高我们的记忆力。记忆是大脑皮层受到刺激后产生痕迹的结果，而不断地复习就是对大脑中的痕迹进行不断地刺激，而且刺激的次数越多，大脑皮层的痕迹就越深刻，我们的记忆也就越牢固，因此，不断地复习是提高记忆力的不二法宝。

心理能量

若要提升孩子的记忆能力，就要先降低孩子对知识的遗忘率。遗忘的规律是“先快后慢”，只有让孩子及时地复习、勤于巩固，才能更好地提高记忆能力。

第4节 “高原现象”：孩子遇到学习“停滞期”怎么办？

生活中很多家长可能会有这样的抱怨：“最近我家孩子的成绩就是上不去，看着他努力用功的样子，我也很纳闷为什么他的成绩会上不去，但又不敢说什么。因为孩子的情绪非常不好，我猜他的心里会更烦恼。”有很多孩子也说：“最近不知是怎么了，对于一些不是太难的知识仍然搞不懂，以前往往轻易地就能解答的问题现在却想破了脑袋还搞不明白。这样一来成绩不仅没有提高反而急剧下降了，真让人烦恼。”其实产生这种情况的根本原因是孩子在学习中遇到了“高原现象”，也就是学习的“瓶颈期”。这个时期往往会产生学而无用的情况，虽然孩子努力地学习了，但成绩总是停留在某一水平上。不过对孩子来说，这种停滞不前的学习现象也是正常的，因为这种情况在各个年龄段的学生身上都有可能出现。通常在孩子升学考试之前的一段时期，这种情况尤为明显，比如小升初、初中升高中、高考之前。而且这种情况也因人而异，有的人持续时间长、有的人持续时间短。出现“高原现象”的孩子往往情绪很不好，不但变得不爱说话，还会出现烦躁、焦虑、失眠等，这时他们总是心烦意乱，甚至会讨厌上学、不想与人交往。那么家长这时务必要多关心孩子，多与孩子说一些让他们高兴的话题，让孩子放松紧绷的神经与心情，为孩子找出原因，找出解决的办法，从而帮助孩子渡过这一关。

据相关资料报道，在1897年时布瑞安与他的同事等人研究收发“电报”中的一些高技术含量的动作技能，在研究的15～18天之间虽然不间断地练习，但收报练习的成绩却一度停顿下来，无论怎么努力也提高不上去，这种停滞不前的情况被研究者称为“高原现象”，这就是这个词的由来。后来这个词更多地应用在学习中，主要反映孩子的学习情况与心理变化。比如，孩子的学习成绩达到一定的层次后，就会停滞不前，仿佛不会再提高了，这时若想再进一步提升总是非常困难。从心理学上来说，当一

个人的大脑和体能受到了一定的限制时就会产生一种近乎窒息的感觉，也就是到了接近极限的时候，便不可能再逾越了。

好在上述的情况一般都是暂时的，通常经过合理的调整与休养都会有新的突破。因此，当“高原现象”发生在孩子身上时我们也不必过度惊慌，一定要沉下心来，找出产生这种情况的原因才能帮助孩子渡过这个难关。那么高原现象是如何产生的呢？经过多次的调查研究，人们发现一般有以下四种原因：

1. 心理原因。

很多孩子一遇到成绩不如意往往就会自怨自艾，这时学习的兴趣就会下降，遇到困难就想退缩。还有的孩子心情急躁，总是急于求成，不能静下心来去努力学习。这些心理状态都有可能造成孩子学习成绩的停滞不前。

2. 学习原因。

学习成绩的提高不但需要努力，还需要一定的方式、方法，所以它是一种特殊的心智活动，特别令人劳心费神。如果以前的学习方式与方法不对了，就需要有一定的改变或改进。但改变也不是件容易的事情，也会遇到新的困难或意想不到的问题。这时如果无法突破，那么学习成绩往往就会停留在一个固定的水平上，处于停滞状态或暂时下降。

3. 健康原因。

有些孩子身体素质不高，精力不充沛或常常生病，也会导致学习成绩下降。比如，他们经常感到疲劳或者出现头痛头昏等身体状况欠佳的情况，都会影响正常学习。

4. 学习量增加。

现在的孩子总是有做不完的作业，特别是面临要升学的那个学期，不但知识的容量在增加而且内容的难度也在增加，令人难以应付。这时候对所学的知识如果理解不透就很难把握各知识之间的联系，也就很难形成准确、严密以及连贯的知识网。那么这时孩子就会显得力不从心，自然也就很难将成绩提高上去。

今年11岁的小光马上就要小学升初中了，如果说他以前还是玩心不断

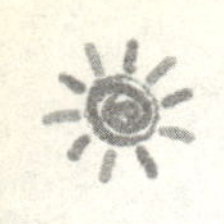

的，现在可是天天都抓紧时间在学习呀。他心里想这段时间一定要集中注意力，好好学习，不能再像以前那样三分玩耍两分学习了。可是不知怎么回事，愈是努力其效果则愈不好，每次考试的成绩还不如以前的好呢，这令他非常苦恼。然而越是着急就越静不下心来，特别是遇到思考题的时候，脑子里就一片混乱，什么都解答不出来。精神状态也变得越来越差，晚上经常失眠，白天表现得烦躁、焦虑。爸爸妈妈看到小光这种状态很着急，眼看这学期就要升中学了，这样下去怎么办呢？

上文中小光的学习情况就是典型的“高原现象”，很多孩子在学习的紧张时期都会遇到这种情况，所以家长也不用过于担心。那么如何帮助孩子克服这种学习障碍，从而取得更好的成绩呢？可参考以下方法：

1. 打牢学习的基础。

学习不是一朝一夕的事情，而成绩也不是一下子提升起来的，只有日积月累才能积少成多，所以早些打牢学习的基础才可以以不变应万变。那么对于还没有完全弄清楚的难题以及没有掌握牢固的知识点，一定要让孩子抓紧时间及时贯通、全面领会。这样才不至于使问题成堆，也不至于在关键的时候出现问题。

2. 保持健康心态。

好心态是成功的源泉，学习更不能例外。一个学生只有保持良好的心理状态，才不会产生焦虑、急躁、避重就轻、急于求成等一些不良的心理状态或行为，才会有良好的学习意向、愿望与兴趣，从而使自己努力地去学习。因此，健康的心态是推动孩子学习以及克服“高原现象”的法宝。

3. 更新学习方法。

学习上遇到了瓶颈，就要改变方法。在学习中如果开始的方法不再适用，就要早些更新。要知道不敢突破就没有发展，比如，在作业繁重时可以采取“忘枝节、记重点”等的学习方法，往往能取得不错的效果。所以要想打破学习的“高原现象”，让孩子掌握行之有效的学习方法很重要。

4. 补充体能营养。

学习是一个劳神伤脑的智力游戏，所以饮食一定要跟上孩子体能与智能所需的全部营养。只有孩子的脑力和体力都充沛，才能提高注意力，拥

有好心情，从而缓解身体疲劳，以克服学习的“高原现象”。因此，平时一定要加强孩子的营养，必要时可以给孩子补充一些维生素等膳食营养补充剂，以快速补充孩子的身体能量。

5. 强化学习动机。

有研究发现“高原现象”的产生有一大部分原因和孩子对学习的态度有关，比如没有明确目标、急于求成以及求知欲望的减弱等，因此，强化孩子的学习动机也是缓解“高原现象”的有力途径。家长平时可以不断地激发孩子对求知的强烈欲望，让它成为孩子学习的一种内部驱动力，并且经常向孩子明确学习的主要目的。一旦孩子的头脑中对这些有了深刻的印象，就会始终保持积极进取的心态。

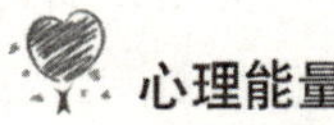

心理能量

孩子在学习中出现了“高原现象”之后，心情往往变得很不好，表现为心烦意乱、烦躁不安、焦虑失眠等不佳的精神状态，这时家长应让孩子放松紧绷的神经和心情。学习是一件繁琐而又劳心费神的事情，平时一定要多关心孩子。其实这种情况只是短暂性的，只要让孩子放松心情，保持良好的精神状态，就能很快渡过这一关。

第5节 “第十名效应”：有没有必要让孩子争当第一？

现在很多家长总是想让自己的孩子赢在起跑线上，做什么事都想让孩子抢先，处处都想让孩子拿第一，尤其是对孩子的成绩只要第一不要第二。生活中有很多家长为了不让孩子输在起跑线上，总是让孩子学习再学习，年年都有上不完的补习班，天天都有做不完的作业。这样不但剥夺了孩子应有的娱乐时间，还给孩子幼小的心灵造成很大的压力，这怎么能达到我们预期的效果呢？诚然，我们的孩子在人生中难免要面对竞争，没有一定的实力是竞争不过别人的，让孩子产生强烈的竞争意识也是对的，谁不想让自己的孩子争当第一名呢？然而我们还要想想人生是一个漫长的过程，就像一场马拉松比赛，参加这个比赛的人又有几个在一开始就拼命地奔跑呢？而且一开始就拼命奔跑的人，又有几个能坚持跑到终点呢？所以一开始我们也不要太过于在意孩子成绩的高低。想想看，有很多的世界精英当年都不是尖子生，他们反倒是那些在学生时代成绩不太好的人，有的甚至还被老师评价为“劣等生”，如华罗庚、爱迪生、巴尔扎克、牛顿等，都曾经被老师认为是不会有大出息的学生。那些学习成绩中上的孩子，往往有更大的发展空间与人生前途，正如心理学上所讲的“第十名效应”。

我国杭州市天长小学的周武老师在1989年时受他人邀请去参加了一次往届的毕业生大聚会，宴会上有很多以前认识或熟知的人。当大家相互介绍了自己目前的生活及工作状况后，他惊奇地发现：那些担任教授、老板以及经理的成功人士，当年在学校里并不是成绩十分出色的学生，他们在班级里大多都是属于中上游的。而那些曾经成绩优异、总是数一数二的学生现在却并非依然优秀，他们的职务大都是平平如也，有的甚至在就业方面还屡屡受挫，怎么会这样呢？这个发现引起了周武老师极大的好奇心，于是他开始多关注一些毕业班的学生，并对他们进行长时间的追踪调

查。之后，在对151位学生经过长达10年的跟踪调查后，周老师发现每一个学生的成长都是一个不断变化的动态过程。在这种动态变化中随着年级的升高，他们的成绩名次会出现不断波动变化的现象，尤其是那些在小学时期成绩非常优秀的学生波动最大，他们之中那些在班级里排前五名的人在进入中学之后，名次往后移的比例竟然高达43%；而那些在小学时排名在六到十五名的中上等的学生进入中学以后，名次往前移的比例竟然高达81.2%。在学习中，这种成绩后来居上的现象便是心理学上的“第十名效应”。

后来，很多老师对“第十名效应”都颇有同感。那些当年成绩数一数二使人另眼相看的学生，在进入大学或参加工作后却淡出了优秀的行列，基本上都没有人能取得可喜的成就；而那些不太被老师看好的成绩中上游的学生却出乎意料成长为“栋梁型”的人才，爆发出了令人意想不到的潜力。由此可见，我们教育孩子时一定要放长眼光，孩子的成功和未来不只表现在眼前的成绩，还要看孩子的品德、健康、知识、能力等全面的素质。所以要看孩子以后取得的成就以及对社会贡献的多少，就千万不能简单地只看重孩子的目前表现。为了孩子的长远发展，我们不能只盯住眼前的成绩与学习情况，培养孩子均衡全面的发展能力才是上策。

小蕊是个乖巧的女孩子，读小学四年级。自从上学以来她的学习成绩一直都不上不下的，总是徘徊在班级里的中上等边缘，而她的同桌小英成绩非常好，总是在班里数一数二。俩人的关系非常好，经常在一起学习。但每当她们俩在一起学习时，小蕊的妈妈就不停地夸奖小英学习好，而一味指责小蕊的成绩比不上人家，还说小蕊不知道努力赶上小英。这时小英总是乐得美滋滋的，而小蕊则不怎么放在心上，依然一副我行我素的样子。对于小蕊的学习情况爸爸却不以为然，觉得女儿小蕊的成绩虽然不是很好，但孩子却为人善良、诚恳而且做事也有耐心，心里反倒觉得这样挺好的。一直到了小学六年级，在新学期班里要选一个品学兼优的孩子做学习委员，老师让每一个学生在纸条上写上自己喜欢的同学的名字。没想到当老师查看纸条时，几乎每一张纸上都是小蕊的名字。当老师问起小蕊时，她说：“虽然我的成绩并不是很好，但我能做个让大家喜欢的人就够

了！”而这句平凡的话，却引起了同学们雷鸣般的掌声。

优秀的孩子不应只是学习成绩优秀，还应该具备良好的品格、健康的体魄以及健全的心理素质等，所以我们不应该一味地追求孩子的好成绩。孩子幼小的心灵承受不了太多的负担，幸福的生活和快乐的童年才是他们最需要的东西。让孩子做自己想做的事情，给他们一个快乐自由的生活空间，让孩子除了学习的技能还有别的特长或兴趣，这样也许孩子的未来会比我们预想的更加辉煌。那么我们该如何让孩子快乐地学习与生活呢？可参考以下方法：

1. 不把成绩当全部。

成绩不是生活的全部，父母不要总以成绩好坏来评判孩子，而要用平和的心态面对孩子的成绩。成绩只不过是对上一个阶段学习情况的检测，它不代表以后的学习状态，更体现不了孩子的全面素质。所以不要因为成绩不够理想就对孩子进行惩罚，成绩较好就给予奖励。而应多了解孩子实际的学习状况，然后根据孩子的情况帮助他找到进步的方向。

2. 培养孩子良好的心态。

孩子就算成绩再好走上社会以后也不可能什么都会做，更不可能永远都是一帆风顺的。如果孩子只一味追求好成绩而忽略了其他素质的培养，比如个性不坚强、心理脆弱、经不起挫折与失败等，那么他一旦遇到困境就会难以适应或突破。没有抵抗挫折能力的人又怎么能取得成功和成才呢？所以我们在让孩子好好学习的同时，培养孩子的心理素质也很重要。

3. 反思我们的教育理念。

生活中有很多家长对孩子的学习情况不怎么在乎，反而更在乎孩子的考试分数。平时不怎么关心孩子的学习态度，只是期望着孩子拿到好成绩。只要孩子的成绩能不断提高就一切都皆大欢喜，而一旦发现孩子的成绩有所下降便立刻暴跳如雷，甚至还会对孩子进行体罚，从不考虑孩子的心情与感受。殊不知经常这样就会让孩子产生唯有成绩至上的心理，从而把学习当作满足家长要求的一件大事，而心里对学习的兴趣则愈来愈低。这样一来就会导致孩子只管成绩，别的什么都不顾，就容易出现作弊或弄虚作假的学习行为，甚至产生弃学的念头。所以一味要求孩子拿到高分是

种不健康的教育理念，家长应该对自己的教育理念和教育方式进行彻底的反省。要认识到孩子的表现和我们的教育有很大关系，孩子若有不良表现也并不是孩子一方造成的。我们应做出应有的改变，找到解决问题的具体方法，这才是最理智的教育方式。

4. 多关心孩子的生活。

很多家长一见孩子的老师总是先问孩子的成绩好坏，接着再问学习情况，最后才会了解品行方面的情况。殊不知这样就会让孩子觉得你关心的只是成绩而对他漠不关心，从而心中不满，降低对学习的积极性。

心理能量

生活中有很多父母都希望自己的孩子得第一第二名，而不是第三第四……总是唯恐孩子落后于人。然而孩子幼小的心灵承受不了太多的负担，要知道优秀的孩子不应只是成绩优秀，还应该具备良好的品格、健康的体魄以及健全的心理素质等。所以孩子除了学习还需要有别的技能，让他做自己想做的事情，这样也许孩子的未来会比我们预想的更加辉煌。

第八章
当孩子的一些坏脾气出现时——情绪心理

人人都有情绪，孩子也是一样。只是有的孩子情绪比较温和，有的孩子情绪比较强烈；有的孩子好情绪多一些，有的孩子坏情绪多一些。那么当孩子的坏情绪发作而且又表现强烈时，我们该怎么办呢？其实孩子发脾气或闹情绪都是成长过程中不可避免的。父母教育孩子时一定要有的放矢，既不可以采取强制或压迫的手段，也不可以放纵孩子或任他闹腾。这时最好的做法就是进行正确的引导与疏通，让孩子将坏情绪合理地宣泄出去，从而使孩子的情绪朝良好的方向发展。

第1节 “避雷针效应”：孩子大发脾气时怎么办？

生活中常常会有家长无奈地表示：最近我们家孩子脾气越来越不好了，还特别的任性，动不动就大发脾气，经常与父母对着干，有时真想抓住他暴打一顿，但你越是严厉教训，他就越是不服气；有时他那种要死要活的样子，仿佛要与人拼命似的……哎，这可怎么办好呢？真怕哪天忍不了揍他个半死……

其实发脾气、闹情绪、耍赖、撒泼等行为，是孩子们在成长过程中不可避免的情绪行为。不过虽然人的脾气与性格是天生的，但是后天也能改变或培养出良好的一面。比如，很多时候孩子爱发脾气、耍性子等的目的大都是为了要满足其某种需要，但如果这种需要是不正当的就一定要及时矫正，以免对孩子成长带来不利的因素。然而，纠正孩子的坏脾气时如果采取强制或压迫的手段，就有可能使孩子产生孤独的灰暗心理，造成精神苦闷。如果这种情绪长时间得不到化解，就很可能会成为隐藏在孩子心灵深处的“暗流”，长期下去孩子就可能会产生心理危机。所以父母一定要注重孩子的心理健康，不妨学习一下心理学上的“避雷针效应”，对孩子的暴脾气及过分的行为及时进行疏导，使孩子的坏情绪早些宣泄出去。

每年的夏天都经常会遇到电闪雷鸣、大雨倾盆的天气，这时我们往往会看到一些高大的树木被雷电击断树枝或树干，但附近一些比大树还要高许多的建筑物在雷电的袭击下却毫发未伤，这个功劳就要归于安装在高层建筑上的避雷针了。世界上最早的“避雷针”是由美国科学家富兰克林发明的，他先将一根很长的细铁棒牢牢地固定在一个高大的建筑物的顶端，之后又在铁棒与建筑物之间用绝缘体分隔开。然后他拿了一根很细的导线让它与铁棒的底端相互连接起来，并将导线引入地下，如此就算完成了。这时你也许会对这状如缝衣针的东西很不自信，心里很是怀疑它的作用，然而它的威力竟大到能够把天空中云层里面那强烈的电荷从保护物上方引

向自己，并且再安全地通过自己泄入大地，从而大大地减少雷电给物体带来的损害。其实，这是因为小小的“避雷针”具有引雷性能和泄流性能，可以疏导并宣泄雷电，才保证了保护物的安全。

从心理学上来讲，“避雷针效应”的寓意则是“善疏则通，能导必安”。如果引用在教育方面，那它给我们的启示则是：教育孩子最好的方法是进行疏导。有关心理医师曾说对待不良的情绪，与其堵塞不如疏导。因为孩子虽小也有喜怒哀乐，脾气与情绪往往比大人还强烈，而且他们心智还不健全，自我控制能力较差，所以他们常常会感到恐惧不安、悲伤难过，一点小事就会使其充满困惑和矛盾，感到无助和无奈。这些不良的情绪如果不能很好地宣泄出去，就很容易出现心理问题。

齐齐上小学三年级了，还算是个聪明的孩子。可就是脾气不太好，总是动不动就发火。为了培养他的才艺，爸爸妈妈给他报了一个绘画班，每到周末他就去培训班学习绘画。但是每次学习回来，如果老师说他画得不错、有进步，他就会很高兴；如果老师说他发挥不好、画得很差，一回到家里他就会发脾气，还经常摔画板、画笔等物品。这样几次之后，爸爸心里就非常不悦，在劝说无效的情况下总会情不自禁地伸出手掌打他几下。可是，齐齐却一动不动任由爸爸打在身上。妈妈拉他，他都不肯躲避，总是倔强地站在那儿。

这样过了一段时间，齐齐的脾气越来越大，无论爸爸如何打他、责骂他都丝毫没有收敛的现象。妈妈觉得这样下去不是办法，就对爸爸说：“我看这孩子的情绪有些不对头，这样下去是不行的。我看你别再那么严厉地教训他了，我们换个教育方法吧。不管他怎么发脾气我们都装着视而不见好了。过一段时间再看看他有什么变化，然后再想办法，好吗？”爸爸同意了妈妈的意见。此后齐齐每次大发脾气时，爸爸妈妈都像没听见一样，各自做自己的事情，不管他是摔东西，还是骂作业不好做，都一副不闻不问的样子。这样几次之后齐齐见爸爸妈妈都不理睬他，自己也觉得很无趣，渐渐地暴脾气就收敛了许多，不再故意摔东西给人看了。这时妈妈看齐齐的情绪不再那么激烈，就慢慢与他沟通，告诉他心情不好时可以跟爸爸妈妈讲，大家一起想办法，像之前那样动不动就发脾气的行为是很不

好的，这样不但使爸爸妈妈很生气，而且还会对自己的身心带来巨大的伤害。看到爸爸妈妈不再责怪自己，还这么关心自己，齐齐倔强的心终于有所感动了，慢慢地就向爸爸妈妈敞开了自己的心扉，有什么不愉快的事也不再乱发脾气了。

话说“好孩子不能娇惯着养”，但有时候一味地“武装政权”也是不好的，所以我们要做有心的父母，随时观察孩子的情绪变化。一般来说，孩子尚小，容易冲动，一遇到挫折或搞不定的情况往往就想发火，或心情不好时也想发火。对此，父母没必要与孩子“硬碰硬”，最好的做法是想办法给孩子寻找一种好的发泄方式。改变孩子的心性与脾气，应从一点一滴的小事来教育他。孩子有心事、闹情绪时，最好的办法就是帮他疏通，多与他进行心与心的交流；允许孩子与伙伴们疯狂地玩闹，好让他的情绪得以释放。

当孩子的行为过分时不能完全顺着他，也不能“硬碰硬”，这时可以有技巧地与孩子进行沟通，比如以温和的态度与孩子讲讲道理，向孩子表达对他的接纳和关爱，拉近孩子与我们的心理距离。但道理要鲜明而正确，让孩子觉得发脾气与耍赖是很无聊无趣的事情，这样慢慢他就不会一味地耍脾气了。对孩子正确的要求一定要满足，让孩子明白什么是可以做的而什么是不可以做的，特别是对于良好的行为要及时表扬或奖励，使孩子的情绪朝良好的方向发展，从而恢复健康的心理状态。

心理能量

“善疏则通，能导必安”，这句话告诉我们：对待不良的情绪与其堵塞不如疏导。所以当孩子有不良的情绪爆发时，最好的方法是进行疏导而不是压制，要知道如果孩子不良的情绪不能很好地宣泄出去就很容易出现心理问题。

第2节 超限效应：孩子为什么越来越烦躁？

随着孩子的成长，家长不难发现孩子对一些事物变得越来越烦躁。比如，较长的假期时学校会布置大量的作业，而孩子却想在假期好好放松一下。这时他看到这么多的作业，就知道自己不仅做不好，还玩不好，他们的心中就容易产生一种焦躁的情绪，这就是“超限效应”的一种情况。那么什么是超限效应呢？超限效应是指刺激过强或作用时间过长，从而引起心理上的一种极不耐烦的情绪的心理现象。

有一次著名作家马克·吐温在教堂听牧师演讲，一开始他觉得牧师讲得很好，就准备捐款并掏出了自己所有的钱。可是过了十分钟牧师还没有讲完，他心里有些不耐烦了，决定只捐一些零钱算了；但又过了十分钟牧师还没有讲完，他心里很是不悦，决定一分钱也不捐了；最后等牧师终于结束了冗长的演讲开始让大家募捐时，马克·吐温觉得听这个演讲太浪费自己的时间，气愤的他不仅未捐钱还从盘子里拿了两元钱。由马克·吐温的例子我们不难想到，好东西一旦“超限”不仅不会起到积极作用，反而会减弱本身应该带来的积极影响。

当某事物对一个人的刺激影响太多时，对于大多数的人来说心里总会产生焦躁不满的情绪，这也是孩子为什么越来越烦躁的一个主要原因。“超限效应”在日常生活中时有发生，比如当孩子没有将事情做好时，当孩子的考试没考好时，当孩子不太听话时……这时候家长也会因情绪不好而批评孩子，并且往往还会一次、两次、三次甚至很多次地对一件事情作同样的批评。面对批评，孩子的心情自然不悦，但不悦的程度往往会随着批评的次数而逐渐加重。一般来说，在第一次挨批评时孩子的心里并不会产生太多的反感，只要批评合理有时反而会欣然接受；但是在受到第二次批评时孩子往往就会产生厌烦情绪；如果家长一而再再而三地对孩子进行批评……那么孩子厌烦的情绪就会越积越多，这时孩子的内心就会从内疚

不安到不耐烦，再到最后的反感讨厌，甚至对抗，这样“超限效应”就会倍增，孩子就会因情绪烦躁而产生“我偏要这样”的对抗心理和行为。

小亚9岁了，上小学三年级。今天放学后他本想像往常一样回家写作业，可是当路过离家不远的“儿童游乐场”门口时，他的同桌小迪邀他一起去“儿童游乐场”里玩“旋转木马”，小亚一看很多小朋友都在那里玩就动心了，两人就一起走了进去。玩了一阵子之后，看天色不早了两人就离开了“儿童游乐场”。回到家里，小亚看到爸爸妈妈正焦急地等他回来吃晚饭，心里就有点内疚，心想下次放学自己再也不去贪玩了。可是这时爸爸却指责他说：“你这孩子怎么回事，放学不回家，干嘛去了？”小亚刚要回答，妈妈又训斥他说：“他肯定是不想写作业，而故意在外面偷玩呢。”“太不像话了，放了学竟然不回家。”“这么大的孩子不好好学习，就知道玩。”“太不懂事了，这样下去不严厉教训是不行了”……于是爸爸妈妈你一句我一句地对小亚越骂越来劲，竟然没完没了地批评起来了。面对爸爸妈妈一个劲地指责与数落，小亚满腹懊恼，渐渐地由“超限效应”引发了“逆反情绪”。他想我不就是玩一次嘛，至于这么一次又一次地骂我吗？我有这么不堪吗？既然我在你们心里是一个很不好的孩子，那我明天就还接着去玩得了，你们爱怎么唠叨就怎么唠叨去吧。果然，第二天放学后，小亚又与同学玩到了很晚才回家……

很多时候孩子本来是愿意接受父母批评或教育的，但由于父母的得理不让人以及爱唠叨的习惯，使孩子内心不接受批评的“累加效应”不断加大，从而厌烦心理就会急剧增加，这时就会在无形之中引发孩子的反感情绪，令他不但不肯接受家长的意见，还会使情况向相反的方向发展。孩子受到重复批评之后他们心里就会犯嘀咕：“为什么如此严厉地对我？至于这样吗？”这时他的心理就很难平衡，厌烦情绪就会产生，反抗心理也会越来越严重，从而发生与父母“对着干”的情况。所以家长对孩子的批评不能超过限度，而应对孩子大度一点，应采取孩子“犯一次错，只批评一次”的做法。那么生活中我们该如何避免“超限效应”呢？可参考以下方法：

1. 避免认知超载。

要孩子学习或记住某一个故事时一定要避免“认知超载”，也就是说，不要让孩子一下子接受或记住太多的东西。给孩子讲解知识与道理时一定要注意孩子可接受的限度，因为人接受任务与信息时大脑有一个主观容量，超过这个容量不仅达不到预期的效果，还往往会适得其反。

2. 三分钟讲完主题。

有研究发现不管是做一场报告或是一场演讲，讲说的过程务必要简洁明了、层层推进。而且还必须在三分钟之内快速地进入主题，这样才能抓住听众的心。我们在教育孩子方面也是如此，再大的事情、再深的道理只要给孩子讲上三分钟就足够了，因为时间越长越会让孩子不耐烦，反而听不进去，父母说了也白说。

3. 换个角度进行批评。

在生活中如果非得要对孩子重复同样的批评，那就应换个角度再进行。为了避免孩子产生被“穷追不舍”的反感心理，千万不要像鹦鹉学舌那样重复一次又一次。最好能做到“犯了一次错，只批评一次”的教育方式，才不会使孩子产生厌烦与反抗心理，也才能使他愿意接受我们的意见。

心理能量

话说“过犹不及”，再好听的话如果一而再再而三地说个没完，也会让人产生厌烦的情绪，这就是“超限效应”。所以家长平时教育孩子时不要采用“唠叨”的方式，以免孩子产生厌烦与反抗心理。

第3节 哭泣效应：孩子哭一哭也未必是坏事

心理学专家认为“哭泣”是人类正常的生理情绪表露，也是人类表达感情的一种正常方式。一些心理学家认为“哭先于笑是人生的途径”，因为我们每一个人一出生首先要做的事情与要表达的感情就是“哭泣”，而笑则是要成长好多天之后才能做出的表情。所以生活中经常有很多孩子喜欢哭泣，比如，有的孩子稍不如意就会哭泣，有的孩子因为害怕而低声抽泣，有的孩子因为受了一点挫折就撇嘴而泣，还有的孩子会因为悲痛而放声大哭……但更多的时候，孩子往往是受了某种委屈之后而以哭泣来表达心中的不满，这些情况大都属于正常现象。但是生活中却有很多父母见不得孩子哭泣，比如，有些脾气暴躁的父母只要孩子一哭就会严厉地责骂，并声称越哭越惩罚；还有的父母舍不得让孩子哭泣，只要孩子一掉眼泪就马上心软，孩子提的什么条件都会马上答应；另有一种家长认为哭泣是懦夫的表现，也绝不允许孩子哭泣，哪怕受了再大的打击也不许孩子掉一滴眼泪……其实这几种教育方式都是不对或不合理的。孩子与成人一样有喜怒哀乐，自然也一样需要情感表达，哭泣是他们再正常不过的表达方式之一。我们应该多理解孩子，允许他们用哭泣来表达自己的情感，从而给他们一定的自由与尊重。

在1922年时人们就对人的眼泪进行了一些科学研究，研究发现我们的泪水中含有一种名为“溶菌酶”的化学物质，而且这种物质对人体是有益的，因为它具有杀灭病菌的功能。到了1957年时，美国化学家布鲁纳西又通过研究发现人在动感情时流的眼泪与因洋葱刺激而流的眼泪的化学成分有很大的不同。美国生物学家弗雷也认为人在不同情况下流出的眼泪所含的化学成分是不同的，因为眼泪中所含的那些复杂的化学成分都与人们哭泣时的不同情绪有关。他还发现当精神焦虑不安、压力过大时，人体就会产生过量的肾上腺皮质激素，这时当我们经受强烈的感情冲击而痛楚万

分时，身体就会在情感的催化下产生大量的泪水，从而将体内多余并有害的化学物质“冲走”。对于这种情况，情绪心理学家认为人们因悲痛而哭泣之后在精神上就会产生一种心情舒畅的感觉，就可以避免不幸后果的发生，这种现象在心理学上称为“哭泣效应”，由此可见哭泣能产生积极的心理效应。

人们在极度痛苦或万分委屈时痛痛快快地大哭一场，待情绪稳定之后就会产生积极的心理效应，这就是我们在劝慰别人时往往会说“尽情哭吧”的原因之一。一般来说长时间的哭泣会扰乱成人的生理功能，有的人哭泣后会影响睡眠及饮食，甚至搅乱心理，从而影响正常生活。但是这些不良现象对未成年孩子来说几乎是不存在的，因为他们的心智还不成熟，受了委屈与伤痛就想哭泣而不会多考虑其他，所以孩子在哭泣时流出的眼泪是有益于健康的，还有很多孩子往往以哭泣来达到自己的目的。很多时候尤其是幼小的孩子，哭泣就是他们表达情感与思想的方式，并且孩子本来就爱哭，所以哭泣不一定是坏事。因此，当孩子哭泣时父母不要一味地制止，而应让孩子痛快地哭一哭，之后弄明白他为什么哭泣，再进行合理的教育。

豪豪是个六岁的男孩，虽然他长得聪明可爱但脾气很大，而且爱哭。妈妈说他从小就爱哭闹，平时常因为一点小事情就张嘴哭泣，而且一哭就哭个没完没了。可是现在都上一年级了，豪豪爱哭的个性一点没改，在不敢或不知道如何用语言表达的时候就会张嘴大哭，而且哭的时候声音很大，总是敞开嗓门嚎啕痛哭一番。这时妈妈倒没觉得什么，因为从小就习惯了，可是爸爸却不同了。因为一直在外地工作的他最近才调到老家这边，每每看到豪豪嚎啕大哭的样子，爸爸非常不习惯。他认为哭是一种不好的现象，尤其是男孩整天哭哭啼啼的像什么样子，一点不起眼的小事就哭鼻子、抹眼泪是懦弱的表现。于是每当豪豪大哭时，爸爸就很不耐烦地责骂他：“哭什么哭？不许哭！”“这样哭哭啼啼的像个男孩子吗？”“有什么好哭的？再哭就把你关在房间里！”在爸爸的威严之下，豪豪果然不敢哭泣了，但是他却把泪水咽在了肚子里。心中的委屈也没有减少，反倒是由于爸爸的严厉而更加憋屈了。这样一来，豪豪的情绪长时

间得不到发泄，身体就吃不消了。几天之后他像换了个人似的，没精打采的，一副萎靡的精神状态。一天他突然对妈妈说自己的肚子胀胀的，而且很痛。妈妈吓坏了，一看豪豪的肚子撑得圆圆的，用手一摸竟像小鼓子似的发胀呢。妈妈赶紧带他去了医院，医生看过说豪豪肚子痛是因为里面憋着“闷气”呢。幸亏来治得早，也没什么大碍。但要是长期这样下去就会引发多种疾病，从而严重地影响身心健康。

对孩子来说，遇到不如意的事情时总喜欢用眼泪来表达内心的委屈，尤其那些年龄较小的孩子，当自己的某一要求达不到时就张嘴哭闹，好像受了莫大的委屈似的。可是大多父母看到孩子动不动就哭泣的情况心里就会烦躁不安，觉得孩子太不懂事或太不可理喻了，就想制止孩子。殊不知严厉地阻止孩子哭泣，反而会给孩子带来更大的伤害，并会严重影响孩子正常的生理与心理发展。我们应当允许孩子适当的哭泣，以让孩子合理地表达自己的情感。那么孩子哭泣究竟对身心有哪些好处呢？对此心理学家认为至少有以下三点：

1. 放松紧张情绪。

心理学认为“精神状态紧张是万恶之源”，有科学研究发现一个人过于紧张时不但会引发高血压，还会大大提高人的患病率。研究还发现“哭泣”能使人极度紧张的情绪得到合理的放松，所以让孩子痛痛快快地大哭一场，就可以全面地松弛他紧绷的情绪，从而利于身心健康。

2. 保护心理机制。

心理学研究表明当人受到严重的精神创伤后，如果能毫无顾忌地大哭一场，精神就会得到一次洗礼，这时不但会使心情畅快很多，还可以自我拯救将要崩溃的精神状态。哭泣是孩子们自我保护的“杀手锏”，保护他们的心理向健康的方向发展。因此，当孩子哭泣时我们不可以武断地制止。

3. 不良情绪得到宣泄。

哭泣可以帮助孩子缓解心理压力。当孩子受了委屈而想要哭泣时，家长不要去阻止孩子，也不要责骂和惩罚孩子，而应引导孩子痛快地哭出来，因为哭是孩子宣泄消极情绪的最好渠道。如果硬让孩子憋住不哭，就

会对孩子的心灵带来更大的伤害。孩子都是很感性的，父母对孩子应多些关爱，并要有一定的耐心，才能让孩子更健康地成长。

心理能量

研究发现哭泣能产生积极的心理效应，特别是受到严重的精神创伤后大哭一场，心情会畅快很多。所以孩子哭一哭没什么大不了的，不要急着去制止。哭泣可以帮助孩子缓解心理压力，发泄不良情绪。

第4节 心理性疲劳：孩子也需要减负

我们在生活中经常会听到有人这样说：“累了！”“好累呀！”“不想动了！”“哎，心累！”“累死我了！”这些话不但大人经常说，孩子们也经常会说。说这些话的人大都是生活压力较大的人。那么孩子也会感到“心累”，也会有很大压力吗？是的，不但成人常会觉得“心累”，孩子也会患上“心理性疲劳症”，比如，孩子无缘无故地不想上学，突然很讨厌做作业，不愿见老师与同学，不想看书，上课时无精打采，上学前就喊“头痛”或装病等，这些都是心理疲劳的表现。当孩子出现上述情况时，家长一定要多关心孩子，不能一味地让孩子学习而不顾孩子的感受。孩子幼小的心灵不能承受太多的压力，只有轻松快乐地生活他们才能健康地成长。

所谓“心理性疲劳”是指一个人因长期或长时间地从事一些单调、繁琐、沉重以及机械性的工作活动，所引起的大脑神经细胞过于紧张以及生理过劳而产生的厌倦情绪与困乏心理，使人对工作或学习的热情明显降低或兴趣全无，并产生了抵触心理与抵抗情绪，从而不想再从事此类的事情。患有心理疲劳的人常常精神萎靡不振、心烦意乱，还总是健忘、失眠，尤其是疲乏、厌倦等症状更为明显。轻者出现什么事情都不想做而厌恶工作与学习，逃避生活与现实等；重者还会出现神经衰弱，对不喜欢的事情产生严重抵触情绪。这种情况如果长期得不到缓解就极有可能引发“抑郁症”与“强迫症”等心理障碍。由此可见，心理疲劳不但会导致孩子对学习产生厌倦情绪，还会使孩子失去对生活的热情，而且情况严重的还可能引发心理疾病，对孩子的身心健康带来十分严重的影响。

奥奥今年11岁了，上小学六年级，成绩在班里一直名列前茅，只是最近有些下滑，这令他心里非常不安。看着这两次考试的分数逐渐下降，

奥奥的心里突然产生了惶恐的感觉。因为这一年就要小学升初中了，学习成绩越来越好才可以，怎么能越来越下降了呢？要是考不上重点中学，妈妈一定会对他责骂个没完的。奥奥从小就是个要强的孩子，不管哪方面事情都想做第一，一点小事没做好就会很着急。可是现在他越着急就越学不会，明明很简单的题还总是做错，以前读几遍就能记住的课文现在都诵读了很多次还是记不住，这可怎么办呢？而且每个周末与周二、周四的晚上还要练习钢琴。钢琴如果练不好，妈妈又会在耳边说："你看人家小亚，钢琴都过7级了，再加上良好的学习成绩将来一定很有出息。你要不努力，将来怎么能比得上人家！"每当这时，奥奥都会感到很大的压力，担心自己万一学不好怎么办。长期在这种紧张与抑郁的情绪之下，奥奥的精神状态越来越差，一看到没完没了的作业就头昏脑涨，一些简单的题也做不出来了；一到练钢琴的时间就无精打采，练了半天也没有多大效果。

对于奥奥异常的表现，爸爸妈妈一开始以为这孩子生病了，后来从一些有经验的家长以及心理咨询师那儿才知道奥奥这样子是患上了"心理性疲劳症"。这时要强的妈妈才有些后悔，觉得自己不该逼孩子那么紧。怎么办呢？妈妈想来想去，觉得眼下最要紧的是改变自己的教育方式，减轻奥奥的精神压力。先将钢琴课暂停一段时间，学习上也不再管奥奥那么紧、那么严了；有时间还带奥奥去玩一玩，带他爬山观景，去游泳，还带他去少年宫玩他喜欢的游戏，等等。就这样一段时间过后，奥奥的精神状态渐渐有了好转，又恢复了以往的快乐，慢慢地学习成绩也有所提高了。

现在孩子的成长压力越来越大，在学校里往往有做不完的作业，回到家里还有一大堆家庭作业，而父母在期望孩子获得好成绩的同时还希望孩子多才多艺，于是就又给孩子报了一些培训班，很多时候孩子比大人都要忙。这样一来弄得孩子连一点闲下来的时间都没有，更别说能自由自在地玩耍了。当这一切的"重任"使孩子吃不消的时候，就会给孩子的身心健康带来巨大的影响。

当孩子出现了心理问题时，家长也没有必要过于惊慌，要从根本上找原因，对孩子要有个全面的了解和正确的估计，查看孩子的作业量是否过多，才艺训练是否安排得太紧凑，孩子的生活里还有没有玩乐休闲的时

间，孩子的压力是否过大，等等。必要时一定要为孩子减压，拿掉压在孩子稚嫩肩头上的不必要的“担子”，还孩子一个轻松的生活，相信孩子灰暗的心情会慢慢开朗起来的。具体可以参考以下方法：

1. 期望不要太高。

现在父母往往都对孩子期望太高，期望孩子在学习上取得好成绩的同时，还总是希望孩子在才艺方面也能得到良好发展。孩子从学校回来，就得再去上才艺班；写完课本作业，还要练习才艺。这样一来，孩子连一点空闲时间都没有，反而长期处于紧张的学习状态之中。年幼的他们又怎么吃得消呢？因此，在确保孩子的休息、睡眠和营养之外，明智的父母还应减轻孩子的学习负担，使孩子体会到生活的快乐，孩子才能健康地成长。

2. 培养“受挫能力”。

成长过程中总是一帆风顺的孩子，是经受不起挫折的。突然而来的打击或压力，往往会使他们难以承受而精神不振，或是想不开而产生抑郁心理。因此，父母不要总是送给孩子掌声与鲜花，也没有必要让孩子事事都争当第一，以防一旦有了差错，孩子就一蹶不振了。父母平时还要教会孩子过程远比结果重要，只要自己尽力了，不拿第一也无所谓，可以争取下次获得，从而给孩子一个积极向上的心理。

3. 关注素质全面发展。

孩子的成长需要全面发展。父母平时不要只盯住孩子的学习成绩不放，不要整天在孩子的耳边唠叨“你不努力学习，将来怎么能找到好工作”“你不好好学习，怎么能拿第一”，这样一味地督促孩子学习，而忽略了对孩子其他方面的培养，比如人际协调能力、生活自理能力、情绪自控能力、挫折承受力、道德品格，等等。孩子只有德智体全面发展，长大后才能成为一个健全并且能够独当一面的人。因此，我们还要培养孩子“胜不骄、败不馁”的良好心态，培养他们坚强的意志和坚韧的毅力。

4. 合理休息。

一个健康的人只有通过合理的休息、充足的睡眠，才能恢复劳累的肌肉和大脑神经系统的功能。尤其是孩子，正处于生长发育的重要时期，

需要更多休息的时间来恢复或补充体内能量，缓解脑力疲劳，提高学习的效率。

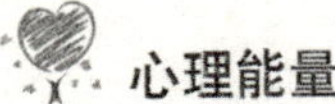

心理能量

不要以为只有大人会劳累，孩子也会患上“心理性疲劳”。因此，明智的父母不要给孩子布置没完没了的作业以及才艺培训等课程，导致孩子常常没有玩乐的时间，整天身心疲惫。好父母要把快乐还给孩子，给他们一个轻松的童年。

第九章
当孩子有怪异行为出现时——偏执心理

所谓“偏执”就是极端的意思，偏执的人常常敏感多疑，思维不太正常，他们的行为明显脱离现实而自己却又坚信不疑，不但固执己见还总是将失败的原因全部归咎于别人。有偏执心理的孩子常常爱走极端，不管做什么往往都会脱离正常的规范，严重地影响了正常的生活与人生发展。对于这样的孩子，家长一定要多注意，除了多关心孩子及进行正常的教育外，还应该培养孩子开朗的性格与健全的心理，及时帮孩子纠正不良的行为与习惯，引导孩子养成健康规律的生活方式，多创造条件让他们的心灵充满阳光，相信孩子很快就会好起来。

第1节 选择性缄默：孩子怎么越来越不爱说话了？

生活中有些孩子特别不爱说话，尤其是在不熟悉的环境中和遇到陌生人时几乎从不与人交流，只是偶尔会用肢体语言如挥手、点头等简单的方式和别人进行极少的沟通。有的孩子在一个阶段表现完全沉默，一句话都不肯讲，无论别人怎样问他也不想讲话，而且连一点动作表示也没有，一副视而不见的态度；还有的孩子，别人问一句他就回一句，不问就一声不发；还有些孩子只与熟悉的人讲话，拒绝与陌生人说话，尤其是当别人想亲近他时，他就会表现出一副恐惧的样子，反射性地往后退仿佛别人要将他怎么样似的；还有些孩子只与自己的好朋友玩耍，当群体活动时就出现一动不动、不知所措的样子……孩子的这些表现在心理学上称为“选择性缄默症”。孩子患了“选择性缄默症”之后常常不太明显，对此很多家长不太重视，认为这只是孩子年龄小表现出的胆怯、害羞的行为，并以为随着孩子年龄的增长会自然消失，也就没有太在意。然而殊不知这种情况持续的时间越长，对孩子身心健康的危害就越大。

儿童心理学专家认为“选择性缄默症”是一种精神障碍，患儿会表现出神情焦虑、不敢说话，尤其在某些特定场合极度害羞，有时即使能够说话也不敢大胆地表达，总想以缄默不语来降低内心的恐惧感。一般来说，这种症状常常会在学龄前就有所表现，通常女孩患病率较男孩高一些。心理学专家将这种情况定为儿童的罕见心理失调，因为他们的行为、智能和学习能力都很正常，就是在与人接触方面显得非常退缩。他们拥有与正常人一样的说话和语言理解能力，可是在某些需要说话的场合他就是说不出话来。对此，有关心理学专家认为这是一种“以拒绝说话作为巧妙应对外界环境的惯常反应”来对待与他人的交往及沟通。并且他们常常在自己家里能正常主动说话，但一到了学校或更陌生的场所，就会“拒绝”说话，这就是他们选择缄默的理由。如果持久地“拒绝”说话，无论是对人际关

系还是对自己的身心发展都会带来巨大的不良影响。一般来说，“选择性缄默症”的产生主要与孩子的心理变化及家庭成长环境等因素有关，经大量调查研究发现这类孩子大都有早年感情创伤的经历，不是家中经常发生矛盾冲突，就是家长对他们的教育简单粗暴，使孩子经受了莫大的精神刺激。而且调查还发现这些孩子的妈妈在家里通常是处于支配地位，她们对孩子的保护过于严谨，使孩子无法与他人建立良好的关系，那么孩子只好选择“缄默”作为自己处理人际关系的策略。心理研究还发现，这类孩子的性格大多比较孤僻、脆弱，不愿参加集体活动，而且他们的独立生活能力也很差。所以为了孩子的将来与发展，父母一定要多关心孩子，发现孩子有这种症状，务必要及时采取必要措施。

又到了一年一度的新生入学的时期，开学这天，作为班主任的黄老师早早地来到了学校，孩子们看到他之后都争相热情地问好，一个个踊跃地走进教室，很高兴地忙着找座位、拿课本……坐好之后又都争相举手做自我介绍，从孩子们的笑脸与访谈中，黄老师感觉到他的这批学生个个都很活泼可爱。不过，他发现其中一个坐在最后角落里的孩子，从进教室到现在都始终绷着脸并且一言未发。他既没有向老师与同学问好，也没有做自我介绍，只是一个人呆呆地坐在那里，还皱紧眉头，一副惶恐不安的神情。黄老师本来想问他为什么不做自我介绍，但看到他这个样子就打住了。一个多星期过去了，这个孩子还是那个状态，一到学校就嘴巴紧闭着，一句话也不肯说。开始黄老师还以为这孩子是由于刚进入一个新环境，遇到一些陌生的人而产生了心里不安，没想到他会一直都是这样。看到他一直不肯与任何人来往，也不与人交流的样子，黄老师就试图想接近他，以询问他的情况，谁知每当要接近他时，他总是会反射性地往后退，眼中充满了警惕和不安。

后来通过给家长打电话，黄老师才从这孩子妈妈那里得知，从四岁开始这个孩子就出现了不爱说话、性格怪异的现象，在之前他还是个性格开朗、爱说爱笑的孩子呢。妈妈说记得那次与孩子的爸爸吵架，两人吵得很凶，将孩子吓哭了，这孩子一边哭一边抱住爸爸的腿说：“爸爸是坏人，爸爸是坏人……”当时他爸爸正在气头上，就凶狠地对孩子说：“不许说

话，再说爸爸就摔死你！”说完就猛一抬腿一下子将孩子摔在地板上，摔得头起了个包。从那以后这孩子就不喜欢讲话了，个性也完全变了，做什么都小心翼翼，不敢说也不敢行动。听了孩子妈妈的这番话，黄老师想这孩子可能是患了“选择性缄默症”，就建议孩子的家长带他去看心理医生。

一般来说，像上文中孩子的这种“选择性缄默症”大都较好治疗，大多数的孩子往往在几个月或一年后都能恢复正常。所以当家长发现孩子有这种情况后也不要太着急而要多关心孩子，改善家庭成员关系以及家庭生活环境，增加对孩子的善意鼓励并减少粗暴的呵斥。通常在治疗上主要采用家庭治疗、精神分析及行为治疗法，具体可以参考以下方法：

1. 妈妈要多陪伴孩子。

孤单缺少关爱的孩子，往往会胆小、不安、不敢说话，所以妈妈一定要多花时间关爱和陪伴孩子。尤其是发现孩子有不爱说话、不爱交往的情况后，更要多关心孩子，多了解孩子的情感和需求，多与孩子进行贴心的沟通和交流。而且还要多引导孩子与同学及伙伴们多接触、多待在一起，陪孩子与他的伙伴们一块做游戏，鼓励孩子大胆地表达心中的想法，一点小事不要计较。这样在妈妈的陪伴和引导下，孩子静默的心理状态往往能得到改善。

2. 不要强迫孩子说话。

得知孩子患了“选择性缄默症”后，家长往往会急着让孩子多说些话，但马上就想让孩子改变状况通常是不可能的。什么事情的成功都需要一个过程，对于正处在语言与成长发育期的孩子务必要避免再给他不良的精神刺激。如果一味地强迫孩子说话只会弄得孩子的精神更紧张，所以改变孩子也不可急于求成。家长可以适当为孩子改善生活环境，为孩子营造一个宽松自在、幸福快乐的家庭环境。此外，还可以培养孩子广泛的兴趣爱好，使孩子的性格变得开朗等，这些都是改变这种情况的好方法。

3. 多让孩子与外人接触。

多让孩子与外人接触，才能逐渐消除孩子的怕生心理。学校是孩子接触外界时间最长、次数也最多的地方，所以家长一定要多想办法让孩子与

同学及老师多待在一起。为了鼓励孩子，可以事先取得老师的配合，让孩子在班里担任某个职务，比如“小组长”，让孩子负责自己组里的一些卫生情况或收发作业本等，促使孩子在老师的指导下独立完成一定的任务以增加孩子与他人接触的机会。为了鼓励孩子多与人接触、交流，可以多让孩子熟悉陌生的环境，多让他参加朋友的聚会等；还可以让孩子多参加一些社会活动，比如社区联谊活动以及各种宴请活动等，这样慢慢地孩子就会有所改变。

4. 情绪放松法。

改变孩子的“缄默”症状也可以采取情绪放松法，在孩子情绪放松、心情舒畅的基础上让他主动说话。对孩子的沉默不要过分在意，可以用一些愉快的事情来分散他的紧张情绪，比如多陪孩子外出游玩，多去他喜欢的地方，多玩他热衷的游戏，送一些他最需要、最喜欢的东西。并且只要他张口讲话，就给予一定的奖励和鼓励。如此种种，相信孩子一定会变得活泼起来。

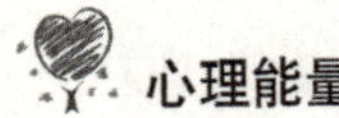

心理能量

有“选择性缄默症”的孩子往往会在一个阶段表现完全沉默，几乎从不与人交流。发现孩子有这种情况后父母要多关心孩子，增加对孩子的善意鼓励并及时采取必要措施，以免影响孩子正常的生活与发展。

第2节 安全感效应：孩子为何频频撒娇？

生活中有很多父母会抱怨孩子太依赖人、太爱撒娇，平时只要一回家就黏着不放。很多孩子在没有爸爸妈妈的场合好像很懂事，表现得很听话。比如，他们本来与爷爷奶奶或保姆、阿姨等在一起时非常乖，这时只要父母一回来就立即谁也不跟了，有时候还变得任性或是蛮不讲理，有时候因为一点小事就大哭大闹的。尤其是见到妈妈时一些孩子就会变得娇滴滴的，像个婴儿似的搂着妈妈的脖子不肯松手。妈妈走一步他们就跟一步，不论做什么都紧跟着；不论什么事情都想与妈妈一起做，就连上厕所也要妈妈陪着。对此，很多妈妈都不免会感叹道：孩子跟自己也未免太亲近了吧？他如此黏人长大后怎么办？其实孩子黏人、撒娇是有原因的，可惜的是很多父母都不理解。其实在生活中常常出现这样的状况：虽然父母给予孩子的爱已经泛滥了，而孩子需要的那种爱却一直缺乏。也就是说，孩子撒娇的行为是渴求爱的表现，是因为心中缺乏一定的安全感，这就是心理学上讲的“安全感效应”的一面。

“安全感效应”这个概念最早见于弗洛伊德对精神分析的理论研究，弗洛伊德很早就注意到个体的弱小、焦虑以及自卑情结会对成人以后的心理健康产生重要的影响。对此，社会文化心理学家霍尼认为，儿童在早期有“安全”和“满足”两大需要，而这两种需要都完全依赖于父母与其他养育者，当养育者不能满足这两个需要时孩子就会产生焦虑感。幼小而无助的他们必须依赖父母，如果父母不能经常守在身边，孩子就感觉不到充分的安全感，所以当他们一见到父母时往往就会表现出特别的亲近行为。如果这种“安全感”一直得不到满足，孩子的心理就会产生不健康的状态，只有随年龄增长他们变得越来越独立自主，这时他们同父母的联系日益减少后，他们依赖父母的归属感和安全感才会逐渐消失。由此可见，父母的陪伴和关爱对孩子形成“安全感”有着重要的影响，父母应为他们的

心理安全提供保障。平时有些孩子即使被父母打了一顿，也还会双手抱着父母的腿不放，此时他们希望得到的只是一份心灵的安全感。孩子撒娇的种种行为都是他们需要亲情、需要安全感的心理表现，更是他们对父母的依恋之情。因此，作为一位合格的家长，就不要忽视了孩子的心理安全需要。

宁宁6岁了，还特别依赖妈妈，每天妈妈上班时都会搂住妈妈的腿磨蹭半天，并哭闹着说："妈妈不要走，妈妈不要走。"弄得妈妈上个班总感觉像生离死别似的，心里不安半天。但妈妈真走了以后，宁宁就像换了个人似的非常懂事，与奶奶一起去幼儿园一路上也不哭不闹的，而且跟小朋友们在一起玩时还会像个小大人似的处处照顾别人。可是，一旦妈妈在身边宁宁则相当任性，还蛮不讲理的，对小朋友也不会表现谦让了，并且还总想抢人家的玩具或打人家两下子。这令妈妈感到非常奇怪，不知道这孩子究竟是怎么了。

为什么妈妈在与不在的情况下，宁宁会判若两人呢？很明显这就是内心的"安全感效应"在"作怪"。宁宁对妈妈的依恋非常严重，这可能是由于妈妈在他很小时就去上班了，而妈妈的离开使幼小的宁宁心里没有一丝安全感，于是妈妈不在身边的时候他觉得自己没有了保护，生怕别人对自己怎么样，就表现得非常乖巧。而当妈妈在身边时他觉得自己有了保护伞，就变得有些为所欲为了。所以说孩子的安全感完全来自父母，他们幼小的心灵需要太多的关爱，仅仅满足他们对物质的需要是远远不够的，要给孩子足够的关怀与陪伴，孩子才能产生足够的自尊与自信，心里的安全感才不会缺失。那么我们该如何让孩子拥有足够的安全感呢？可参考以下方法：

1. 找出孩子不安的原因。

孩子产生不安全心理往往是有一定原因的，很可能是父母不在的时候遇到了令他害怕或惊恐的事情，比如他人的惊吓、地震、打雷、鞭炮响等一些突然而又过大的响声，再如一些令他害怕的事物：猫、狗、蛇等，还有大人过于激烈的行为：打架、争吵等。如果孩子受了这些惊吓以后没有

得到及时的安慰与爱抚，都有可能成为其产生不安全心理的原因。所以父母一定要找出孩子感到不安的原因，从而对症下药消除孩子内心的恐惧，并帮助他重建安全感。

2. 与孩子建立信任关系。

很多时候父母总是担心孩子会误入歧途而不许孩子这样、不许孩子那样，久而久之孩子就会对父母失去信任。还有很多时候，父母总是有做不完的工作、忙不完的事情，明明说好与孩子在一起的时间而没有兑现，就会让孩子觉得父母不关心自己，心里就会产生落寞感。所以父母平时再忙也要抽时间陪伴孩子，与孩子共度一些快乐的时光，并给孩子足够的信任与支持，孩子才能有足够的安全感与勇气让自己去克服生活中的种种挑战。

3. 创建和睦的家庭。

一个快乐和睦的家庭，有和蔼可亲的爸爸妈妈，这对孩子安全感的建立非常重要。试想如果家里经常发生争吵或打架或者是“冷战”、互不搭理，缺乏应有的快乐与关爱，那么孩子长期生活在这样的家庭环境中能有快乐、能产生安全感吗？他很可能会一个人偷偷地躲在墙角里哭泣，担心爸爸妈妈会离开他，猜测家人是不是因为他才吵架，这样生活在恐惧之中的孩子心里又怎么形成安全感呢？所以父母只有相互之间相亲相爱，才能给孩子安全幸福的生活。

4. 注意教育方式。

父母疼爱孩子是没错的，但不能溺爱。如果对孩子过于娇宠，什么都随着他，做错了事也不肯教训一下，在孩子面前一点威严也没有，那么孩子就会认为父母是很好欺负的或者会觉得父母很无能，于是在他的心里反而更没有了安全感。所以教育孩子不能没有分寸，该管教的时候就不能太放纵，让孩子明白什么是对的、什么是错的，才能让他产生归属感与安全感。

5. 允许孩子哭泣。

适当的哭泣对孩子来说并不是坏事，而是一种很好的情绪宣泄方式。他们只是想用哭泣来吸引大人的注意，寻求一些心灵安慰以协助建立安全感。因此，当孩子受了委屈或身体不适想哭泣时不要制止他，更不要训斥

他。如果连哭泣都不允许，孩子就会感到孤立无援，而失去应有的安全感。

6. 充分的亲情。

如今大多数父母为了工作或其他原因，总是将孩子托给爷爷奶奶或其他人照顾，自己就很少有时间陪伴孩子，尤其是那些在外地工作的年轻父母，常常使孩子一年之中难得与他们见上几面，这样一来，孩子缺少了父母的陪伴，安全感自然也就无从建立或培养了。所以为了孩子的健康成长，年轻父母一定要想办法多陪伴孩子，有条件的应尽量将孩子带在身边，起码吃饭的时候或晚上应尽可能地与孩子在一起。不要为了自己，而不考虑孩子的成长。

心理能量

孩子频频撒娇是缺乏安全感的表现，所以父母不仅要满足孩子的物质需要，还需要为孩子的心理安全提供保障。平时给孩子足够的关怀与陪伴，才能使孩子产生足够的自尊与自信。

第3节 多动障碍：孩子为什么总是难消停？

生活中有些父母经常反映自己的孩子特别爱活动，整天翻箱倒柜、上蹿下跳、登高爬低的，动来动去，一刻也不闲着，很难安静一会儿。学习也不专心，一会儿摸这一会儿翻那的，注意力也难以集中。在课堂上也是小动作不断，常玩弄文具与书包带子，并且在座位上扭来扭去等。总之，这些孩子做什么都不能持久，并且说话时前言不搭后语。调皮爱动是孩子的天性，好玩好动也不是坏事情，但如果孩子过于活泼，没有消停的一刻则不是什么好现象了。如果孩子太爱动，一会儿也安静不下来就有可能患“多动症”。所以父母一定要多注意观察，如果发现孩子真是患了“多动症”，一定要重视起来，因为这种情况等到成年以后就有可能发展成难以治愈的精神障碍。

“多动症”在心理学上也称“注意缺陷多动障碍”，在儿童群体中比较常见。根据报道，目前多动症国内发病率为5%～11%，并呈上升趋势。“多动症”通常表现为活动过多、自控能力差、冲动任性、注意力涣散等，是一种比较常见的心理障碍。患了此症的孩子通常表现为明显的注意力集中困难，冲动、学习困难以及任性、不合群、怪僻，并且还贪玩、喜好打架等，不过患有此症的孩子一般都智力正常。心理学研究发现患此症的孩子对各种刺激都会产生反应，他们无法做到专注，注意力也难以维持。做事时总是粗心大意、丢三落四，不考虑后果、易冲动，常常打扰或干涉他人，并总是在鲁莽中给自己或他人造成没有必要的伤害。家长一旦发现孩子有此倾向时一定要重视起来，要及时想办法帮孩子缓解或消除这些症状。

嘉嘉7岁了，上小学一年级。但在老师、同学与其他人的眼里，他无疑是一个异常活泼的孩子。不但整天蹦蹦跳跳的还常做一些怪异动作，整天

不是挤鼻子弄眼就是耸肩、摇头，经常表现得一副滑稽搞笑的样子。从上幼儿园开始到现在上小学，他一直都喜欢“骚扰”其他同学。在教室里坐不住，总是东看西看的，课间更是这儿走走那儿逛逛，无论别人怎么说，他都安静不下来，就连老师严厉的批评都不能让他专心学习。最让老师头痛的是他自己老实不下来还不让别的同学安静，不管人家是在写作业还是在读书，他都会过去与人家搭讪，一会儿说借人家的橡皮，一会儿说下了课去哪儿玩等。老师非常不悦就给他的父母打了电话，听了老师的话，嘉嘉的父母才觉得情况严重了，才决定带嘉嘉去治疗。

“多动症”是孩子常见的心理病症，好发年龄为3～12岁。一旦孩子患了此症，对其以后的发展与成长都会产生极为不利的影响。患了此症的孩子大都情绪不稳定、自控力差，还有的孩子会在生理方面发育不良而出现动作不协调甚至遗尿、抽搐等。关于患病的原因，有关资料表明，不良的家庭教育方式是孩子患此症的重要原因之一。有关调查发现，过分溺爱的教育方式导致的患病率占7.05%，放任不管的教育方式导致的患病率占3.5%，严格管教的教育方式导致的患病率则占61.7%。由此可见，严格与暴力的教育方式是导致孩子患“多动障碍”的最大原因。有关调查发现，随着独生子女的增多，家长们“望子成龙”的心理也越来越迫切，很多家长都不惜重金给孩子报各种培训班，但种种压力远远超过了孩子所能承受的程度，这种强迫的生活状态打破了孩子自然的生长规律，造成了孩子不正常的成长状态。另外还有资料显示如果孩子吃了食物中的某些人工染料，尤其是摄入铅过量的饮食也会导致孩子产生多动的倾向。心理研究认为，家长对孩子的放任自流和漠不关心等态度都有可能使该症状加重，所以家长应引起高度重视，让孩子及时进行治疗，这样才能确保孩子健康成长。那么父母如何帮助治疗孩子的多动障碍呢？有关心理专家整理了以下几种方法供参考：

1. 父母培训法。

通常很多父母都不懂孩子患上了心理病症是怎么回事，这就需要了解与学习，所以有心的父母可以通过参加培训，学习如何管理孩子不正常行为的方法。通过培训，父母可以为孩子的康复创造一种长期而有利的生活

环境并理解孩子的精神需要，使孩子减少对抗行为，并从中学习如何关注孩子，如何对孩子进行恰当的表扬以及如何帮孩子纠正不良行为等。对孩子的行为做出适当的反馈，从而逐渐帮助孩子培养良好的行为与心理能力。

2. 药物治疗法。

对于症状严重的孩子有必要采取药物治疗，但一定要在专业医师的指导下进行。“多动症”所需的药物一般有：“中枢兴奋剂”“抗抑郁药”和“去甲肾上腺素再摄取抑制剂”。其中，“中枢兴奋剂”可以减轻多动、冲动，改善注意力等，主要用于6岁以上的孩子。此外，有研究报道显示长效缓释或控释哌甲酯的疗效更持久、更稳定，可在专业医师指导下根据病情需要使用。

3. 社会能力训练。

患有“多动障碍”的孩子往往在人际关系与社会适应能力等方面很差，所以父母应不断加强对孩子社会能力的训练。教孩子学习正确对待他人，以正确的心态接受他人的奖励或批评，学会常用的社会技能，学会合理处理生活中产生的挫折感和恼怒情绪，学会保持人与人之间的关系，学会与他人相互帮助和学习等，尤其是学习一些认知技能、躯体技能等。

4. 多关心和安慰孩子。

家里有孩子患“多动症”，常常会导致家庭成员之间的关系紧张不安，也就容易引发不和谐的生活节奏与不良情绪。对此，父母一定要客观看待，不能一味地责怪患病的孩子。要知道孩子出现特殊的行为说明家庭中存在着一定的问题，比如家庭教育不合理、亲子关系不正常等。所以父母一定要学会理解孩子、同情孩子，家庭的所有成员都要友好地接受、关心与安慰孩子，并积极采取防治措施帮助孩子，大家相互学习、相互安慰，才能使患病的孩子尽快好转。

5. 避免与孩子产生冲突。

家有“多动障碍”的孩子，父母一定要对孩子友善，和睦地与孩子相处与交流，并正确地看待孩子的情况，要多了解“多动障碍”的症状以掌握行为矫正的方法。平时一定要改善家庭之中各个成员之间的关系，尤其是亲子关系一定要融洽，使大家和谐相处，从而有效地避免与孩子之间的

矛盾和冲突。

6. 因材施教。

对于患有“多动障碍”的孩子，父母应学会因材施教，不要期望孩子一下能有多大的改变，切勿盲目“望子成龙”，对孩子施行强制教育。应使孩子在一个充满温馨的生活环境中轻松愉快地度过美好而唯一的童年。

7. 合理营养与作息。

对于患病的孩子，一定要保证他充足的休息时间，不要让其熬夜或劳累。还要注意营养合理，使孩子养成不偏食、不挑食等的良好饮食习惯。

8. 避免铅制玩具。

孩子都喜欢玩具，但不要给孩子玩那些含有铅元素的漆制玩具，因为铅元素是会诱发“多动障碍”的危险因素之一，所以切勿给孩子买这类玩具，尤其不可让其误食此类玩具。

关于“多动障碍”的治疗不是一朝一夕的事情，父母应打好“持久战”，注重科学方法，切不可盲目医治。对于以上的1～3条医治方法，务必要在专业医师的指导下进行。

心理能量

孩子特别爱动，上蹿下跳、登高爬低一刻也不想闲着，就要注意是否是“多动症”的表现。该症常使孩子情绪冲动、活动过度、学习困难等，对孩子的学习与以后的发展造成很大的阻碍。有心理研究认为，如果家长对孩子持放任自流和漠不关心的态度都有可能使该症状加重。所以家长应多关心孩子，并高度重视孩子的不良行为，以确保孩子健康成长。

第4节 黑暗恐惧症：孩子睡觉不让关灯怎么办？

有的事情在大人看来没什么，但孩子却看得很重或很可怕，比如“怕黑”。生活中很多孩子都有怕黑心理，他们对黑暗往往都会心生一种恐惧感，觉得黑暗非常可怕。尤其是到了晚上，外面黑乎乎的，这时候有很多事情都不敢一个人做，比如睡觉不肯关灯，一个人不敢走夜路，光线较暗的地方就不敢去，一个人不敢上院子里的厕所，一个人不敢去另一个房间里找东西……还有些情况严重的孩子晚上一个人睡着后总会做一些噩梦，常常把自己吓醒。害怕黑暗，在黑暗的环境中不安、紧张等可以说是孩子们常有的表现，只是不同的孩子对黑暗恐惧的程度不同，可见怕黑是孩子正常的心理反应。一般来说在父母或其他成年人的关爱与安抚之下，这种恐惧的情绪基本不会影响孩子的正常成长，而且随着年龄的不断增长或心理的逐渐成熟，孩子在小时候遇到的一些令他害怕的现象或事物一般都能够得到正确的理解和认识，从而逐渐消除这种恐惧感。但有些孩子天生胆小，再加上还不能从科学的角度去分析和理解一些事物，就很难摆脱对黑暗的恐惧心理。那么对于这类孩子，父母要多给予关注和安慰，多引导孩子提高自己对恐惧事物的认识与分析能力，并帮助他们克服对黑暗的恐惧心理，使他们尽快从怕黑的症结中走出来。

有实验发现把婴儿放在光线明亮的地方，他们往往会快乐地玩耍一阵子；如果把他放在黑暗的地方，通常一开始就会哭泣。这说明了“怕黑”是人的一种本性。对此，瑞士著名心理学家荣格也认为，对黑暗害怕是人类从远古时代遗传下来的一种本能反应，并且人人都有，只是程度不同。有关专家研究表示，怕黑是恐惧症的一种典型表现，医学上将其称为单纯恐惧。在很多人眼中黑暗是很可怕的，就犹如危险一样令人惶恐，尤其是在女性和孩子中害怕黑暗者居多，当他们一个人处于一个黑暗的地方时往往会惶恐地哭泣。一个人走夜路或夜里一个人在家、晚上在家不开灯等

情况，都会让他们内心感到惶恐不安。其实孩子害怕黑暗纯粹是胆小的表现，也是正常的心理反应，可能是某一时候在心里留下了阴影。比如，在黑暗中看到了可怕的东西或是发生了可怕的事情或是受到了惊吓等，都会让孩子不敢一个人坦然地面对黑暗。

小丽11岁了，平时也算是个活泼的女孩子。可是一到了晚上就变得拘谨起来，因为她特别怕黑，所以晚上当她一个人在家时就一直开着灯，有时睡觉还不敢闭上眼睛，生怕一旦睡着了那些吓人的鬼怪会在黑暗的角落里窜出来。一天晚上，爸爸妈妈去了姥姥家，家里只有她一个人，虽然家里的灯全都亮着，但她还是不敢入睡，就一直看着电视。当电视上出现那些恐怖的画面时她就马上换台，实在困极了就在沙发上眯一下眼，但都只是一小会儿就会马上醒来，就这样折腾了一个通宵。直到天亮了，小丽的恐惧感才逐渐消失。

见小丽如此胆小怕黑，爸爸觉得这样下去不是办法，就告诉她夜晚的黑暗是正常的自然现象，就像白天是明亮的一样，如果晚上也像白天一样那反倒是不正常了，所以天黑没有什么好害怕的。至于所谓的妖魔鬼怪都是根本没有的，它们都是人们故意杜撰出来的，因此在故事和影视里所出现的妖精等都是骗人的。听了爸爸的话，小丽将信将疑，内心的恐惧感还是不能消除。这时爸爸又陪小丽一起待在没有开灯、黑乎乎的房间里，开始小丽还是很害怕，双手紧紧抱住爸爸的胳膊。但过了一会儿，见一切都安然无恙，并没有什么可怕的东西出现，小丽的心里就不再那么担心了。就这样经过几次训练，小丽渐渐摆脱了对黑暗的恐惧感。

“害怕”几乎是每一个人都会有的经历，在黑暗的环境中，特别是一个人的时候往往会心生恐惧。如果以前有过惊吓的经历心中就会更加不安，特别是孩子对一些带有恐惧感的事物还处于一种本能的反应与理解阶段，如果身边有亲人陪伴内心就不怎么害怕，如果是他一个人独处就比较没有安全感。但如果身边的人也非常惧怕，那么这种负面效应就会加重，使孩子对黑暗更加畏惧。所以父母或其他家长一定要给孩子做好榜样，不要动不动就大惊小怪或表现出极度的恐惧状态，更不能过分地渲染和夸大

黑暗及一些带有恐怖性的事物，以免加重孩子的恐惧心理。那么如何帮孩子摆脱对黑暗及一些事物的恐惧感呢？可参考以下方法：

1. 多开导孩子。

当孩子怕黑、怕鬼怪的时候，可以告诉他这样是自己吓唬自己，黑夜是正常的自然现象。而且世上根本就没有什么鬼怪，都是人编造出来的，实际上是没有的。别人怎么吓唬都不要相信，自己更不可以胡思乱想吓唬自己，做人一定要大胆、勇敢才能有出息。经常这样开导孩子，相信一段时间之后孩子就会逐渐好起来。

2. 少看恐怖节目。

如果孩子天生胆小，平时就少让孩子涉及这方面的事物，比如一些凶杀新闻、恐怖影视剧、乱神怪力类的节目等，以减少孩子对鬼怪的恐惧感。尤其是在晚上临睡前更不可以让孩子观看那些可怕的影视剧，以防孩子晚上做噩梦。平时可以给孩子买一些科普书籍并给他讲解其中的知识，以增长孩子对所谓鬼怪的科学认识，使孩子的内心有正确的认识。

3. 黑暗中做些快乐游戏。

黑夜虽然没有白天让人感觉美好，但也可以让它变得温馨起来。比如，全家人早些吃过晚饭一起到到小区花园散步，散步时让孩子与同龄的小朋友一起玩耍、做游戏；也可以让孩子向散步的叔叔阿姨、爷爷奶奶打招呼、问好，大家友好地说些快乐的事情；还可以与孩子一起看月亮、数星星，看哪颗星星最亮、找找北斗星在哪儿；等等。让孩子玩得痛快些就会忘记对黑暗的害怕，从而让孩子学会适应黑暗，感受夜空的静美，感受到晚上与父母在一起的欢乐。

4. 让孩子了解真相。

强迫孩子勇敢面对一些恐惧事物往往不能真正起到作用，一味地说不要害怕也不能解决实际问题，只有让孩子发现他所担心的事情并不可怕，他才能消除内心的恐惧。因此，父母可以根据孩子所说的情况与他一起去寻找“可怕”的根源，比如那令人“恐惧”的“物”和“声”在哪儿，是怎么出现或产生的。当孩子发现他一直害怕的“黑影子”其实就是挂在衣架上的衣服时，他的心里就会坦然许多；当他发现那可怕的“声音”其实就是窗外的树木被风吹出来的“沙沙”声时，他就不再相信有“鬼叫声”

了。事实胜于雄辩，当孩子明白了事物的真相，他心中的结就会逐渐解开。

5. 淡化恐惧心理。

让孩子克服恐惧、摆脱怕黑心理的最好办法就是先淡化他的恐惧心理或转移他的注意力，当孩子说黑暗里有可怕的东西时不要过于在意，更不要大惊小怪，可以笑着告诉他什么都没有，不要害怕，不要自己吓唬自己；可以给他说些他感兴趣的事物或让他看有趣的动画片等，以转移他的注意力。此外，平时可以教孩子练习胆量，告诉他要做一个勇敢的孩子；还可以多让他参加一些有益的体育运动，以增强体质，这样孩子不知不觉地就不再胆小怕事了。

心理能量

一般来说，孩子对一些带有恐惧感的事物还处于一种本能的反应与理解阶段，在黑暗的环境中往往会心生恐惧。对此，父母要多关注和安慰孩子，给孩子做好榜样，不要渲染和夸大黑暗及一些带有恐怖性的事物。要多对孩子进行适当引导，帮助他克服对黑暗的恐惧感。

第5节 恋物症：孩子过于喜欢某一物品怎么办？

生活中常有一些孩子非常喜欢某一物品，比如被子、衣服、帽子、毯子、玩具、枕头、奶瓶等。平时对它们总是倍爱之极，一刻也不舍得撒手。不管什么时候都一直抱着不放，不管去哪儿都带着它。还有的孩子都上小学了，还对自己一两岁时的玩具非常依恋，睡觉时要抱着它，上学时要带着它，吃饭时要将它放在身边，不带着它就感到惶恐不安。其实孩子的这种行为就是心理学上所说的“恋物症”。

心理学家认为“恋物症”是指迷恋非生命物体并以此作为自身情感的依恋，患者往往不能去依恋一个实际存在而完整的人而是对某一物品感兴趣，比如鞋、袜子、手套、发夹、玩具等。大量的调查研究发现，恋物情结多与幼年时期的心理发育受阻有关，发生的原因可能与幼年时不良的教育环境或教育方式有关，所以多为孩子创造良好的生活环境和运用科学的教育方式非常重要。一般来说，由于孩子的个性尚未完全定型，某些儿童心理障碍往往比成人容易治疗，特别是“恋物症”，年龄越小的孩子越容易纠正。有关专家认为上小学之前的孩子有“恋物症”属于较正常的现象，因为每个孩子在自己心理成长的过程中或多或少都会对某种物品产生一些依恋情结，一般不会产生严重的不良影响，所以家长无须进行强行制止，只适当地给予引导就可以了。但如果是年龄较大的孩子，甚至都上小学了还对某一物品非常依恋，这就需要加强引导，并且还要按情况做出相应的纠正与治疗。

欣欣上小学二年级了，是个很可爱的小女孩。可是她不管去哪里都会带着一岁多时妈妈给她买的那个小小的“婴儿枕”，她非常喜欢那枕头上面绣着的一只大白兔，总是称它“玉兔妹妹”。刚进幼儿园时，欣欣总是将她的“玉兔妹妹”装进书包里，与她一起去上学。到了午睡时间就会

把“婴儿枕”拿出来抱在怀里，并且说：“玉兔妹妹，我们该睡觉喽。”然后就“双双”甜甜地睡了。偶尔翻身的时候，也会用手摸摸“婴儿枕”看还在不在，如果摸到了就会很快再睡着，一旦摸不到则会瞬间清醒，马上四下寻找。几年过去了，欣欣还是离不开她的“玉兔妹妹”，不管是跟着爸爸妈妈到外地旅行，还是去远在外地的舅舅家，“婴儿枕”都是她第一重要的东西，必须带着它。而且她一到睡觉的时候，都必须把“玉兔妹妹”紧紧抱在怀里，才能安然入睡。对欣欣的行为爸爸倒没觉得什么，但妈妈却越来越觉得这样不好，“这孩子是不是有些神经质了”，就以“讲卫生”为由将欣欣的“婴儿枕”扔到垃圾站去了。没想到这下可惹恼了欣欣，她哭闹不休，整整一天都没吃东西，几天过去了还烦躁不安，特别是晚上在床上躺了好久都迟迟无法入睡。看到欣欣这个样子，爸爸妈妈又心疼又不知怎么办才好。

有明显恋物倾向的孩子往往非常喜欢某一物品，通常显得比其他任何的人或事都在乎。如果家里有这样的孩子，父母最需要做的是将这些依恋物清洗得干干净净，并多注意孩子的行为变化。一旦发现孩子有揪头发、啃指甲的行为，就要立即重视并及时带孩子去做健康检查。对于有恋物倾向的孩子除了进行正常的教育外，还应该培养孩子开朗的性格与健全的心理并锻炼孩子的各种自理能力，多创造条件让他们快速增长自己的生活知识，鼓励他们多积极参加一些有益的集体活动，引导孩子多建立正常的人际关系，从而防止孩子恋物情结的加重。此外，有关教育专家认为孩子有“恋物情结”一般都与自身的安全感缺乏有关，通常是孩子把对父母的依恋情感转移到了某些物品上。所以家长要争取为孩子创建一个有安全保障的家庭环境，从增强孩子的安全感入手，逐步地消除孩子的心理障碍。具体可以参考以下方法：

1. 让孩子安然入睡。

很多孩子染上“恋物症”都是由于入睡前害怕不安的情绪所导致的，如果晚上硬将孩子与父母分开入睡，对于天生胆小、畏惧黑暗的孩子来说，将是一件很难接受的事情。所以让孩子独自睡觉时要进行睡前安抚，以给他充分的安全保障。比如在孩子的房间开一盏小灯，在孩子独自入睡

前陪伴他一会儿，等他睡着后再离开。尤其是一开始让孩子独处一室时，一定要给予孩子睡眠前的安抚，使他快乐地进入梦乡，这样就不会使孩子养成非得抱着某一物品才能入睡的习惯。

2. “情结”转移法。

孩子格外依恋某一物品往往是因为太“无聊”或太“孤独”了，如果父母或家长能经常陪孩子一起玩耍或谈心，孩子就不会再将自己的心思久久放在某一物品上。因此，当孩子染上恋物情结后，家长可以通过玩游戏的方法使孩子减少对某物品的依恋。当孩子一个人坐在那里抱着他的小红帽不放时，家长可以跟他玩一玩类似“谁熬得牢”的小游戏，比如“如果你十分钟不碰小红帽，我就给你吃一个‘哈根达斯’”，等孩子做到并得到你给他的物品之后可以再说“如果你能二十分钟不碰小红帽，我就买你最喜欢的动画片给你看”。这样先转移孩子对“依恋物”的注意力，再逐渐延长他不碰“依恋物”的时长，慢慢地就可以淡化孩子的恋物情结。

3. 多给孩子拥抱。

拥抱是一个关爱与亲切的体现，经常拥抱孩子可以让他感觉到你对他的关爱与喜欢。所以平时可以多抚摸孩子的小手、脸蛋以及轻轻拍抚孩子的背部和头顶，让孩子体验到来自父母的“肌肤之亲”，以解其“皮肤饥饿”，这也是两代人之间的一种无声的沟通与理解方式。可以向孩子进行积极的暗示：你别怕，我就在你身边，你很安全，等等，这样孩子就会对父母产生浓厚的依恋之情，而不会再“眷恋”某一物品。

4. 多带孩子接触外面的世界。

孩子“恋物”往往是因为他的生活太单调封闭了，在生活中没有乐趣或找不到有意义的事情可做或是没有人陪伴、玩耍，在单调孤僻的情景之下孩子才会恋物。所以想要改变孩子的恋物情结就要让孩子多接触外面的世界，帮他走出“恋物”的封闭空间，让孩子多接触外面的人和物，多感受大千世界的阳光与新鲜事……渐渐地孩子就会打开禁锢的心灵，放开怀抱去拥抱生活而不再蜷缩在自己的小天地里。

5. 物品不要单一。

孩子通常会依恋上某一个他幼小时经常玩弄的物品，而这个物品一旦玩上瘾之后就会对其产生依恋情结。不过如果我们给孩子买玩具或用的小

物品时可以一次购买两三个，并一下都送给他，让孩子轮流使用或玩耍，而不是一次只给他一个，那么孩子也就无法对其中的某样东西“偏爱”了。

心理能量

有恋物情结的孩子总是非常喜欢某一物品，就连对自己的亲生父母也没有表现得如此依恋。有关专家认为这是孩子缺乏安全感的表现，他们把对父母的情感转移到了某一物品上。家长应多关爱孩子，从增强孩子的安全感入手创造一个温馨而有安全保障的家，帮助孩子慢慢消除心理障碍。